Im Sommer
2016

Über Luther und die Reformation sind auch fünfhundert Jahre nach dem Thesenanschlag von Wittenberg viele Fragen offen: Fragen, die ganz einfach klingen, aber schwer zu beantworten sind, und scheinbar nebensächliche Fragen, die uns die Reformation mit ganz anderen Augen sehen lassen. Johann Hinrich Claussen erklärt in seinem elegant und voraussetzungslos geschriebenen Buch, was die Reformatoren wollten, warum sie die Kultur in Europa nachhaltig verändert und doch so wenige Schriftsteller inspiriert haben und was heute von der Reformation zu halten ist.

Johann Hinrich Claussen ist Kulturbeauftragter der Evangelischen Kirche in Deutschland. Bei C.H.Beck erschienen von ihm «Die 101 wichtigsten Fragen. Christentum» (3. Aufl. 2008) sowie «Gottes Häuser» (2. Aufl. 2012) und «Gottes Klänge» (2. Aufl. 2015).

Johann Hinrich Claussen

Die 95 wichtigsten Fragen

Reformation

C.H.Beck

Mit 6 Abbildungen

Originalausgabe
© Verlag C.H.Beck oHG, München 2016
Satz: Fotosatz Amann, Memmingen
Druck und Bindung: Druckerei C.H.Beck, Nördlingen
Umschlagentwurf: nach einem Konzept von malsyteufel, Willich
Umschlagabbildung: Reformationsaltar der Stadtpfarrkirche
St. Marien in Wittenberg, um 1547–1552, von Lucas Cranach d. Ä.,
vollendet von Lucas Cranach d. J. – Öl auf Holz, Predella des
Flügelaltars: Die Predigt (Ausschnitt: Luther auf der Kanzel);
Foto: akg-images
Printed in Germany
ISBN 978 3 406 69731 9

www.chbeck.de

*Mit einem Gruß an
Trutz Rendtorff und
Dietrich Rössler*

«Das Leben ist nicht ein Frommsein, sondern ein Frommwerden, nicht ein Gesundsein, sondern ein Gesundwerden, nicht ein Sein, sondern ein Werden, nicht eine Ruhe, sondern eine Übung. Wir sind's noch nicht, wir werden's aber. Es ist noch nicht getan oder geschehen, es ist aber im Gang und im Schwang. Es ist nicht das Ende, es ist aber der Weg. Es glüht und glänzt noch nicht alles, es fügt sich aber alles.»

Martin Luther: Grund und Ursach aller Artikel D. Martin Luthers, so durch römische Bulle unrechtlich verdammt sind, 1521

Inhalt

V. Revolutionäre Reformatoren

VIII. Die kulturelle und gesellschaftliche Bedeutung der Reformationen

IX. Die Reformationen in der Moderne

Was möchte dieses Buch?

Die Reformation ist wichtig, immer noch. Ein halbes Jahrtausend ist es her, dass sie die christliche Welt des ausgehenden Mittelalters umstürzte und fast ganz Europa verwandelte. Dies ist von heute aus betrachtet ein fernes Geschehen, von Historikern zwar umfassend erforscht, für viele Zeitgenossen aber ein dunkler, unbekannter Geschichtskontinent. Dennoch ist die Reformation immer noch gegenwärtig, denn sie hat Europa und Nordamerika tief geprägt, tiefer und nachhaltiger, als vielen Menschen heutzutage bewusst ist. Sich über diese immer noch bedeutsamen Fernwirkungen der Reformation selbst Aufklärung zu verschaffen ist ein Gebot der Stunde. Gerade jetzt, da Europa und Nordamerika nicht nur zahlreiche politische, wirtschaftliche und soziale Krisen zu bewältigen haben, sondern ihr jeweiliges Selbstverständnis grundsätzlich in Frage steht, könnte das erneute Nachdenken über die Reformation sinnvoll sein. Denn es gilt, die eigene Kultur neu zu verstehen und zu gestalten. Welche Kräfte der Geschichte haben diese Kultur entstehen lassen, und welche von ihnen sollten immer Geltung besitzen? Was an ihnen ist immer noch ein eigener Besitz, und was ist einem längst fremd geworden? Dies sind Fragen, die heute eine Antwort suchen, da in Europa und Nordamerika das Eigene und das Fremde überhaupt neu aufeinander bezogen werden müssen. Diese Fragen betreffen nicht zuletzt die Religion. Was Religion ist und sein soll, wie sie verändert, verbessert und reformiert werden kann, das sind keine bloß historischen, sondern höchst gegenwärtige Fragen. Nicht der schlechteste Weg, sich ihnen zu nähern, ist es, sich über die Reformation, ihre Geschichte und ihre Wirkung zu informieren und sich dabei der Frage zu stellen, was davon einen selbst noch unbedingt angeht – gleichgültig, ob man sich nun als protestantisch oder katholisch, kulturchristlich oder nichtreligiös versteht. In diesem Sinne ist die Reformation des 16. Jahrhunderts kein Thema nur für Theologen und Historiker, sondern eine Angelegenheit der Allgemeinheit.

Was war die Reformation? Sie war vieles zugleich, ein komplexes, auch widersprüchliches Gebilde, darin eine überaus reiche historische Gestalt. Oder soll man sagen: ein Komplex aus unterschiedlichen Gestalten? Kann man von «Reformation» überhaupt im Singular sprechen? Wollte man versuchen, zu Beginn eine erste, einfache Definition zu geben, könnte man es so versuchen: Die Reformation war eines der seltenen Ereignisse der Weltgeschichte, in denen neue religiöse Erfahrungen ihre gesamte Umwelt von Grund auf verändert haben. In komplizierten Wechselwirkungen zwischen Religion, Politik, Kultur und Gesellschaft entstand eine neue Zeit. Viele der damaligen Ideen, Empfindungen und Machtfaktoren sind uns heute sehr fern. Man kann sie nicht direkt auf die Gegenwart übertragen. Aber sie laden immer noch zum Nachdenken ein. Denn die Reformation hat viele offene Fragen hinterlassen. Sich mit ihnen auseinanderzusetzen ist aber zum Glück keine bloß anstrengende Gehirnarbeit, sondern auch ein Vergnügen. Denn über die Reformation gibt es viel zu erzählen: Geschichten von unerhörten Begebenheiten, manche inspirierend, andere irritierend, anrührend oder auch erschreckend. Nur langweilig wird es selten, wenn man sich mit der Geschichte der Reformation beschäftigt.

Das Jahr 2017 bietet eine echte, aber auch prekäre Chance. Zum fünfhundertsten Mal jährt sich der sogenannte Thesenanschlag. Das ist ein Anlass, an die Reformation und ihre weitreichenden Folgen zu erinnern, aber auch danach zu fragen, was dieses Erbe heute noch wert ist. Dazu möchte dieses Buch einen Beitrag leisten. Die erstaunlich langlebigen Luther-Klischees, die in Deutschland vor allem im 19. Jahrhundert geschmiedet wurden, möchte es nicht bedienen, sondern in Frage stellen, dafür andere Aspekte ins Licht stellen und eine Reihe von Gegengeschichten erzählen. Es möchte zunächst ein Gefühl dafür vermitteln, wie fremd die Reformation inzwischen geworden ist. Denn nur wenn man durch die Befremdung hindurchgegangen ist, kann man für sich klären, was von diesem fernen Erbe für einen selbst heute noch von Bedeutung sein kann. Nur wer sich hat irritieren lassen, wird eine eigene Vorstellung davon gewinnen können, dass die Reformation auch eine großartige Befreiungsgeschichte gewesen ist und wie sie einen heute noch zu inspirieren vermag. Die Reformationen von damals sind heute nicht deshalb von Interesse, weil ihre Theologien immer noch «aktuell» wären, sondern weil sie fremd und anders waren, weil sie Entdeckungen, Irritationen und Überraschungen bereithalten und man über die verschiedenen Geschichtsdeutungen und Reformationsbilder immer noch und immer wieder lebhaft streiten kann.

Dieses Buch erhebt nicht den Anspruch, die Geschichte der Reformation, so wie sie wirklich war, zu erzählen. Es möchte weniger leisten – und darin mehr. Es möchte ein Bewusstsein für die Fülle der Ereignisse und die Vielzahl der Deutungen wecken. Die Reformation war nicht das Werk eines einzelnen Menschen, sondern unendlich viele Menschen haben viele, zum Teil sehr verschiedene Reformationen ausgelöst. Dabei war die Reformation nie die Folge einer bestimmten religiösen Erfahrung oder theologischen Einsicht, sondern von Beginn an die revolutionäre Verknüpfung von Religiösem, Sozialem, Kulturellem und Politischem. Und schließlich war die Reformation, auch wenn viele Deutsche dies immer noch glauben möchten, keine germanische Erfindung, sondern ein gesamteuropäisches Phänomen. Deshalb möchte dieses Buch einen Eindruck von der Vielfalt der Reformationen im Europa des 16. Jahrhunderts und der Vielfalt ihrer Deutungen vermitteln.

I. Vorgeschichten

1. Hat die Reformation mit Martin Luther begonnen? Am Anfang war Martin Luther (1483 bis 1546). Das muss man so deutlich sagen, selbst wenn man die übertriebene deutschprotestantische Luther-Verehrung des 19. und frühen 20. Jahrhunderts ablehnt und keine Geschichte der «großen Männer» schreiben möchte. Luther war eine epochale Gestalt, einer der wenigen Menschen, die den Beginn einer neuen Zeit markiert haben. Das gibt es eben manchmal: In ausgewählten Momenten der Weltgeschichte spitzen sich die Dinge so zu, dass eine einzige Person die Verhältnisse umstürzen und ein neues Zeitalter eröffnen kann – wenn diese Person denn kommt. Aber natürlich kam Luther nicht aus dem Nichts. Luther lebte in einer Welt, die in einer Weise von Religion geprägt war, wie man es sich heute nicht mehr vorstellen kann. Sie war auch schon vor ihm von den verschiedensten religiösen Reformversuchen bestimmt. Luther hatte viele Vorläufer.

Luthers erster Vorläufer war ein Engländer. John Wyclif (ca. 1328 bis 1384) übte als Professor für Theologie und Philosophie in Oxford denselben Beruf aus wie Luther. Scharf kritisierte er den verweltlichten Klerus seiner Zeit und stritt gegen die politischen Herrschaftsansprüche des Papsttums. Auch wandte er sich gegen wichtige Formen mittelalterlicher Frömmigkeit, wie Heiligenkult, Bilder- oder Reliquienverehrung. Maßstab seiner kirchenkritischen Urteile war die Bibel. Damit auch Laien sie verstehen und dadurch mündige Christen werden konnten, sorgte er für ihre Übersetzung in die Landessprache. Damit nahm er gleich mehrere Anliegen Luthers vorweg. Doch auch wenn er für gehörige Unruhe sorgte und viele Anhänger um sich sammelte, sogar einen Bauernaufstand inspirierte, konnte er keinen Umsturz der herrschenden Verhältnisse bewerkstelligen. Er starb eines natürlichen Todes.

Nach Wyclifs Tod wurden seine Anhänger, die Lollarden, brutal verfolgt. Ihre Volksbibeln wurden verbrannt, weitere Übersetzungen wurden verboten. Da es noch keinen Buchdruck gab, scheint dies nicht allzu schwer gewesen zu sein. Wyclif und später die Lollarden scheiterten, weil sie sowohl bei den Mächtigen als auch beim Volk zu wenig Rückhalt genossen. Anders als bei Luther gut einhundertfünfzig Jahre später gab es keine Fürsten und Städte, die ihre Reform zu ihrer Sache gemacht hätten. Dennoch konnte ihre einfache evangelische Frömmigkeit im Geheimen, in vertraulichen frommen Zirkeln, bis zur Reformationszeit weiterleben.

2. Warum sagte sich Böhmen schon vor Luther vom Papst los? In seiner Heimat konnten Wyclifs Gedanken keine Wirkung entfalten. Dafür sollten sie in einem weit entfernten Land epochale Bedeutung gewinnen. Durch eine königliche Hochzeit im 14. Jahrhundert entstanden enge Verbindungen zwischen England und Böhmen. Böhmische Adlige brachten Wyclifs Schriften aus England nach Prag, wo sie ein aufmerksames Publikum fanden. Besonders der Dekan der dortigen philosophischen Fakultät, Jan Hus (ca. 1369 bis 1415), ließ sich von ihnen zu großen Predigten über eine umfassende Kirchenreform inspirieren. Anders als Wyclif in England erhielt er eine begeisterte und verlässliche Unterstützung durch den böhmischen Adel und das Prager Bürgertum. Seine Reformation blieb deshalb keine binnentheologische Angelegenheit, sondern wurde zu einer politischen Macht, einem revolutionären Vorhaben und Ausdruck eines erwachenden böhmischen Nationalbewusstseins.

1415 wurde Hus zum Konzil von Konstanz geladen, dort aber verbrannt, obwohl ihm freies Geleit zugesichert worden war. Sein Märtyrertod löste in Böhmen Aufstände aus, die in die bürgerkriegsähnlichen Hussitenkriege (1419 bis 1436) mündeten. Die wichtigsten Forderungen der Hussiten lauteten: 1. freie, biblische Predigten, 2. Austeilung des Abendmahls in Brot und Wein, 3. Trennung von Kirche und weltlicher Herrschaft, 4. Überwindung von gesellschaftlichen Ungerechtigkeiten. Die einen Anhänger von Hus, die Kalixtiner, gründeten eine eigene Kirche, in der der Gottesdienst in der Landessprache gehalten und das Abendmahl «in beiderlei Gestalt» ausgeteilt wurde, die Laien also nicht nur Brot, sondern auch Wein empfingen. Böhmen war das erste westeuropäische Land, in dem der geistliche und weltliche Herrschaftsanspruch des Papstes nicht mehr galt. Hier waren schon einhundert Jahre zuvor zentrale Forderungen Luthers umgesetzt worden.

Radikaler noch als die Kalixtiner waren die Taboriten. Sie rekrutierten sich nicht aus Adel und Bürgertum, sondern aus der Masse der Armen. Sie wollten so etwas wie eine kommunistische Urkirche errichten, und dies mit Gewalt. Darin weisen sie voraus auf die Umsturzversuche der radikalen Reformatoren des 16. Jahrhunderts. In blutigen Kämpfen wurden die Taboriten niedergeworfen. Aber einige von ihnen überlebten. In der zweiten Hälfte des 16. Jahrhunderts verschmolzen sie mit einer Gruppe von Waldensern, einer aus Italien vertriebenen evangelischen Gruppe. Gemeinsam bildeten sie die «Böhmischen Brüder». Diese verstanden sich als eine Gemeinschaft von Gleichen, als eine Kirche ohne Priester und Hierarchie, als eine Lebensgemeinschaft ohne Privateigentum und politische Macht. Eindrücklich ist neben der einfachen Frömmigkeit und dem unbedingten Gewaltverzicht vor allem das Bildungsstreben dieser Gemeinschaft. Als wahrscheinlich erste Organisation der Weltgeschichte erreichte sie, dass alle ihre Mitglieder lesen und schreiben konnten. So klein sie war, so weit ging ihr Einfluss. Als «Brüdergemeine» fand sie im 18. Jahrhundert im sächsischen Herrnhut eine neue Heimat und beflügelte von hier aus den deutschen Pietismus, die wichtigste Erweckungsbewegung nach der Reformation. Noch heute gibt es eine Evangelische Kirche der Böhmischen Brüder in Tschechien.

3. Warum war Petrus Valdes ein Vorläufer Luthers, sein Zeitgenosse Franziskus von Assisi aber nicht? Auch in Italien gab es eine Reformation lange vor der Reformation. Die Waldenser waren eine Protestbewegung von frommen Laien, die abgestoßen von einer verweltlichten Kleriker-Kirche ein urchristliches Leben führen wollten: in Armut und unbedingt guter Lebensführung, in freien Gemeinden, in denen das Bibelstudium wichtiger war als

Riten und Sakramente. Gegründet hatte diese Bewegung der Franzose Petrus Valdes (gestorben 1218) Ende des 12. Jahrhunderts. Anfangs konnte er viele Menschen in Südfrankreich und Süddeutschland für seine Botschaft gewinnen. Doch der Inquisition gelang es, die Waldenser fast vollständig auszurotten. Nur in Norditalien, vor allem in unwegsamen Berggebieten, konnten sie sich lange halten. 1532 schlossen sie sich der Reformation an. In den 1540er Jahren mussten viele Waldenser über die Alpen fliehen. Sie trugen einen Protestantismus mit einer ganz eigenen Färbung nach Böhmen und Polen. Heute noch gibt es eine kleine Waldenserkirche in Italien.

Zeitgleich zu den Waldensern entstanden die Bettelorden. Den berühmtesten gründete Franz von Assisi (1181 oder 1182 bis 1226). Auch er unternahm den «reformatorischen» Versuch, das Christentum zu seinen Ursprüngen zurückzuführen: zu einem Leben in Armut und schlichter Frömmigkeit. Mit seiner Einfachheit, seiner Glaubensfreude und seinem poetischen Sinn wurde er zu einem der faszinierendsten und populärsten Heiligen der Kirche. In die Vorgeschichte der Reformation aber gehört er nicht, weil er anders als Valdes der Hierarchie und dem Mönchtum treu ergeben blieb.

4. Was hat Luther von seinen Vorläufern gehalten? Wyclif, Hus und Valdes wurden im Rückblick zu Luther-Vorläufern gemacht, und das nicht ganz zu Unrecht. Der Legende nach soll Hus vor seinem Gang auf den Scheiterhaufen gesagt haben: «Heute bratet ihr eine Gans, aber aus der Asche wird ein Schwan entstehen.» «Gans» bedeutet auf Tschechisch «Husa». Sehr wahrscheinlich ist dies nicht, aber dass der Schwan zum Luther-Symbol wurde, zeigt, wie sehr Luther und seine Anhänger sich nachträglich auf Hus bezogen haben. Wahrscheinlich hat Luther sich mit Hus und Wyclif erst näher beschäftigt, als er seine neue Theologie schon gebildet hatte und mit ihr in die Öffentlichkeit getreten war. Da muss er das Bedürfnis gespürt haben, angesehene Vorgänger ausfindig zu machen, die ihm als Verbündete dienen konnten. Tatsächlich gibt es viele Parallelen: der Bezug auf die Bibel, die Kirchenkritik, die

Ermächtigung der Laien, das Abendmahl in beiderlei Gestalt, das Interesse an Bildung. Wichtiger aber noch als diese einzelnen Aspekte war, dass Wyclif, Hus und später Luther zwischen einer sichtbaren und einer unsichtbaren Kirche unterschieden. Von dem Ideal einer wahren, aber unsichtbaren Kirche als «Gemeinschaft der Heiligen» aus konnten sie die realexistierende, sichtbare Institution einer radikalen Kritik unterziehen, um eine andere und bessere Kirche zu gründen.

5. War der Humanismus eine Reformation? Auf dem Marktplatz der epochalen Neuerungen war Luthers Reformation nicht allein. Ihr wichtigster Mitbewerber war der Humanismus. Grob gesagt, versuchte der Humanismus, den kulturellen Fortschritt dadurch zu befördern, dass er das antike Bildungswissen wiederbelebte. Indem er die humane Kultur in den Mittelpunkt stellte, besonders die Dichtkunst des alten Griechenlands und Roms, stellte er sich gegen den Anspruch der Kirche, die Welt von ihren Dogmen her zu bestimmen, zu regulieren und zu regieren. Insofern ist der Humanismus des 15. und 16. Jahrhunderts eine Wurzel der modernen Welt, die sich von der weltanschaulichen und politischen Herrschaft der Kirche frei gemacht hat. Doch sollte man nicht meinen, dass die Humanisten moderne Atheisten oder platonische Neu-Heiden gewesen wären. In ihrer Mehrheit verstanden sie sich als ernsthafte Christen, die ein engagiertes Interesse am Glauben zeigten. Sie wollten ein humanes und einfaches Christentum aufbauen, das sich nicht in Riten und asketischen Verzichtleistungen auslebt, sondern in schlichter Besinnung und guter Lebensführung. Es sollte ein Christentum nicht der Priester und Mönche, sondern der Laien sein – bürgerlich und alltagstauglich.

Nicht wenige Humanisten haben für die Kirche gearbeitet, einige sogar für den Papst. Viele gaben sich politisch, vor allem kirchenpolitisch, konservativ. Dennoch stellte der Humanismus mit seinem Engagement für die Wiederbelebung der antiken Kultur und für ein zeitgemäßes Laienchristentum die Kirche seiner Zeit in Frage. Nicht mehr die Kleriker-Theologen sollten von nun an die wichtigsten Träger des Glaubens und Wissens sein, sondern bürgerliche Intellektuelle und Gelehrte. Nicht mehr das kirchliche Lehramt sollte mit absoluter Autorität bestimmen, was die Menschen zu glauben und wie sie zu leben hätten. Vielmehr sollte dies aus den Quellen des Christentums und mit Hilfe des eigenen Verstandes geklärt werden. Dadurch gab der Humanismus der Reformation eine kräftige Starthilfe. Luther und seine Mitstreiter konnten darauf aufbauen, dass nur wenige Jahrzehnte zuvor schon eine andere Avantgarde die Notwendigkeit eines einfachen Christentums verkündigt, für mehr Bildung gestritten und die Sprachen der Bibel wiederentdeckt hatte. Doch der Humanismus war kein bloßer Vorläufer der Reformation, mündete nicht gänzlich in sie ein, sondern blieb auch auf Distanz zu ihr, eben ein Mitbewerber.

Der Luther des Humanismus hieß Desiderius Erasmus von Rotterdam (1466 bis 1536). Er war ein Universalgelehrter, in ganz Europa verehrt von Fürsten, Kardinälen, Bürgern und sogar vom einfachen Volk. Dabei war er als unrechtmäßiger Sohn eines Priesters von sehr niedrigem Stand. Ebenso wie Luther war er – wenn auch viel widerwilliger – in ein Augustinerkloster eingetreten, hatte dieses aber bald verlassen, um sich als freier Intellektueller, Schriftsteller und Wissenschaftler einen Namen zu machen und eine Existenz aufzubauen. Wie ein Kaiser regierte er ein weitverzweigtes Briefimperium. Seine entscheidende Leistung für die Reformation war, dass er 1516 eine kritische Ausgabe des Neuen Testaments veröffentlichte – natürlich in der griechischen Originalsprache. Sie löste die von der Kirche allein anerkannte lateinische Übersetzung des antiken Kirchenvaters Hieronymus, die Vulgata, ab. Endlich gab es nun einen unverstellten Zugang zum Ursprungstext und somit die Möglichkeit, von ihm aus die kirchliche Praxis der Gegenwart zu überprüfen und zu verändern. Ohne diese Edition des Neuen Testaments des Erasmus wäre Luthers Bibelübersetzung unmöglich gewesen. Das Christentum des Erasmus lebte aber nicht nur vom Buchstaben, sondern auch aus dem Geist des Neuen Testaments. In der Bergpredigt Jesu erkannte er die Krönung des Menschlichen. Von ihr aus versuchte er, die Kirche von allerlei

«Aberglauben», der sie entstellte, zu reinigen, und verkündigte eine einfache Frömmigkeit der Christusnachfolge und Nächstenliebe.

Am Erfolg von Luthers Reformation war Erasmus also nicht unschuldig. Eine Freude war ihm dies nicht. Mit zunehmender Skepsis beobachtete er die Entwicklungen in Deutschland. Mit präzisem Blick erkannte er, dass grundsätzliche Unterschiede ihn von Luther trennten – eine Einschätzung, die dieser teilte. Dies sollte zu einem erbitterten Streit und zu einer tragischen Trennung führen.

6. War die Kirche vor der Reformation wirklich so verdorben?

Nach Reformen wird nur gerufen, wenn es Missstände zu beklagen gibt. Doch wie verdorben war die Kirche am Vorabend der Reformation wirklich? Anders als man vermuten würde, war das Bemühen um eine bessere Kirche nicht das Sonderanliegen einer kleinen Minderheit, das erst durch die Reformation eine größere Wucht erhalten hätte. Vielmehr war der Wunsch nach einer grundlegenden Reform der Kirche «an Haupt und Gliedern» schon lange vorher ein drängendes Anliegen für viele. Das konnte auch gar nicht anders sein, denn die Kirche war damals zugleich Rahmen und Mittelpunkt des ganzen Lebens, nicht nur des religiösen, sondern ebenso des politischen, kulturellen und gesellschaftlichen Lebens. Die Kirche war die alles bestimmende Wirklichkeit. Deshalb musste jedermann brennend an einer guten, einer besseren Kirche interessiert sein. Kritik an der real existierenden Kirche war für die allerwenigsten Menschen gleichbedeutend mit der Kirchenkritik, wie man sie heute kennt – einer Kritik, die die Kirchen möglichst weit aus der Gesellschaft drängen möchte. Im Gegenteil: Wer damals gegen die schlechte Kirche der Gegenwart kämpfte, wollte für die Zukunft eine bessere Kirche – und damit mehr Kirche.

Kritik an der Kirche wurde keineswegs nur «von außen», also von Fürsten, Bürgern, Bauern oder kritischen Intellektuellen, geäußert. Für nicht wenige Prediger gehörte Kirchenschelte zum guten Ton. Sie war ein beliebtes Thema und bewährtes rhetorisches

Mittel. Grund hierfür war nicht nur, dass es tatsächlich viele Anlässe zur Beschwerde gab. Es herrschte auch eine erbitterte Konkurrenz zwischen hohen und niederen Priestern. Die damalige Kirche war eine Aristokratenkirche. Die höheren Ränge und besseren Pfründe waren Männern aus adligen Familien vorbehalten. Die niedere Geistlichkeit hatte die pastorale Arbeit zu leisten, wurde dafür aber selten angemessen entlohnt. Sie hatte deshalb ein feines Sensorium für die Unglaubwürdigkeit ihrer Oberen. Zugleich gab es auf den Straßen und in den Kirchen einen regen Wettbewerb zwischen Weltgeistlichen und Bettelmönchen um die Aufmerksamkeit der Gläubigen. Deshalb redete man sich gegenseitig schlecht. Die Weltgeistlichen wurden von den Bettelmönchen als dumm und faul beschimpft und mussten sich selbst als scheinfromme Aufschneider entlarven lassen. Beide Seiten konnten dafür auf reiches Erfahrungswissen zurückgreifen. Kirchenkritik, Kritik an Geistlichen und geistlichen Institutionen, war also schon vor der Reformation ein allgemeines Thema – zum Teil zu Recht, zum Teil aus Kalkül.

7. Hat die Mystik des Mittelalters der Reformation den Weg gebahnt? «Mystik» (diesen Begriff zu bestimmen, ist ein eigenes Problem) gibt es in vielen Religionen und in unterschiedlichen Formen. «Mystik» bezeichnet eine gesteigerte religiöse Innerlichkeit, bei der eine außergewöhnliche Nähe zwischen dem Göttlichen und Menschlichen erlebt wird – bis hin zu Verschmelzungen und Vereinigungen, in denen «Gott» und «Seele» kaum mehr zu unterscheiden sind. Aber wie dies gedacht und empfunden wird, in welchen Frömmigkeitsformen es sich ausdrückt und welche Folgen es für die Lebensführung hat, ist höchst unterschiedlich. Auch die Mystikerinnen und Mystiker des christlichen Mittelalters lassen sich nicht einfach auf einen gemeinsamen Begriff bringen.

Dennoch ist es interessant, ihr Verhältnis zu den Reformatoren des 16. Jahrhunderts zu bedenken. Diese Frage wurde in der herkömmlichen Protestantismus-Forschung lange zurückgedrängt.

«Mystik» – das klang zu visionär und exaltiert, zu asketisch und spekulativ, zu mönchisch oder nonnenhaft (also auch zu weiblich), als dass die Reformatoren damit hätten etwas zu tun haben dürfen. Inzwischen geht man zum Glück unbefangener an diese Frage heran. Man hat herausgefunden, dass der junge Luther von mystischen Zirkeln beeinflusst war. Vermittelt wurde ihm dieses besondere religiöse Bildungserlebnis vor allem von seinem Lehrer und Beichtvater Johann von Staupitz (1465 bis 1524). 1516, also ein Jahr vor dem Thesenanschlag, brachte Luther eine Grundschrift der spätmittelalterlichen Mystik, die *Theologia deutsch*, heraus. Den Mystiker Johannes Tauler (um 1300 bis 1361) hat er sehr geschätzt. In vielen Schriften, Predigten und Liedern finden sich mystische Bilder und Formulierungen.

Ein besonders anregender Gesprächspartner hätte für Luther der theologisch anspruchsvollste Mystiker des Mittelalters, nämlich Meister Eckhart (um 1260 bis 1328), sein können. Seine «Mystik» erfüllte sich nicht in frommen Rauschzuständen, sondern in einem sehr vernunftgesteuerten Denken. In der reinen Spekulation dachte und erfuhr er die Geburt Gottes in seiner Seele. Das hat er in hinreißenden Predigten beschrieben und so Theologie und Frömmigkeit ebenso verwandelt wie die deutsche Sprache. Worte wie «Bildung» oder «Gelassenheit» sind seine Schöpfungen. Von einer reformatorischen Theologie aber unterschied sich Meister Eckhart dadurch, dass der Sitz im Leben seiner «Mystik» das Kloster und der Mönchsorden war, nicht das profane bürgerliche Leben. Auch unterschied ihn sein deutlich geringeres Interesse am Wortlaut der Bibel, an ihrer geschichtlichen Gestalt. Eine Ähnlichkeit aber kann man darin sehen, dass Luther in vergleichbarer Intensität an der persönlichen Aneignung des Evangeliums gelegen war, an einer Innigkeit des Glaubens, die aber gar nichts Spezielles sein musste, sondern die sich schlicht als reines Gottvertrauen und stille Gelassenheit entfalten konnte. Luther und andere Reformatoren haben sich deshalb unbefangen mystischer Bilder bedient, um ihr Ideal eines innigen Glaubens zu beschreiben.

8. Gab es schon vor Luther eine «moderne Frömmigkeit»? Gut hundert Jahre vor Luther entstand im ausgehenden 14. Jahrhundert in den Niederlanden die Frömmigkeitsbewegung der Devotio moderna, der «modernen Frömmigkeit», die sich bald im westlichen und nördlichen Europa ausbreitete. Das «Moderne» an dieser «Devotion» war, dass sie sich als Laienbewegung verstand. Nicht nur Mönche, Nonnen und Priester sollten sich um ein christliches Leben bemühen, sondern alle. Deshalb schlossen sich gewöhnliche Männer und Frauen in Gilden, Zünften, Bruder- und Schwesternschaften zusammen, bildeten Wohngemeinschaften und pflegten gemeinsam eine schlichte und schöne Frömmigkeit. Sie lebten bescheiden, meditierten und halfen den Armen. Thomas von Kempen (ca. 1380 bis 1471) goss den Geist dieser Bewegung in ein berühmtes, immer noch lesenswertes Erbauungsbuch: *Von der Nachfolge Christi.* Auf die Reformation wies die Devotio moderna dadurch voraus, dass sie ein Gegenbild zur herrschenden Frömmigkeit ihrer Zeit entwarf. Nicht die von Klerikern geschürte Angst vor Fegefeuer und Hölle sollte das Hauptmotiv eines Christen sein. Sein religiöses Leben sollte sich auch nicht in einer Fülle von äußerlichen Riten erschöpfen. Vielmehr sollte das religiöse und moralische Ziel eines jeden Christen eine persönliche, innerliche Jesus-Frömmigkeit sein, die sich an Tugenden wie Demut, Einfachheit, Friedlichkeit und Leidensbereitschaft ausrichtete.

9. War das Papsttum vor Luther wirklich so rückständig? Modern – wenn auch in einem anderen Sinne als die Devotio moderna – war auch das Papsttum des 15. und 16. Jahrhunderts. Das mag verwundern, denn im allgemeinen Bewusstsein gilt das Papsttum dieser Zeiten als verdorben, korrupt, rückständig und gewalttätig. Doch dabei wird übersehen, dass es zugleich verschiedene Versuche gegeben hat, ein «modernes» Papsttum zu begründen. Diese Versuche, eine auskömmlich finanzierte, effiziente, in sich einheitliche, hierarchisch gegliederte und zentral gesteuerte Religionsbehörde aufzubauen, weisen in eine neue Zeit der bürokratischen Herrschaft. In diesem Sinn haben einige Historiker schon die

Kirchenreform von Gregor VII. im 11. Jahrhundert als eine «erste Reformation» bezeichnet. Diese Linie wurde von den Päpsten der Renaissance weiterverfolgt. Sie waren nicht die Anti-Christen, zu denen die reformatorische Propaganda sie gemacht hat, sondern auf ihre Weise moderne Kirchenreformer und -führer. Der Schaden, den sie dem Christentum dabei zugefügt haben, bestand weniger in unsittlichen Verfehlungen, sondern eher in ihrem Erfolg. Indem sie die Kirche zu einer mächtigen Institution aufbauten, machten sie sie zu einem Stück dieser Welt, einem gewöhnlichen Herrschaftsinstrument. Hieran nahmen die Reformatoren Anstoß, nicht an dieser oder jener Korruption.

Man unterschätzt die Reformation, wenn man in ihr nur den Protest gegen bestimmte «Missbräuche» und einzelne Fehlentwicklungen sieht. Sie war ein grundsätzlicher Einspruch gegen das herkömmliche Verständnis des Christentums. Nicht mehr die Päpste und Priester sollten den Schlüssel zur Sündenvergebung und damit zum Heil besitzen, sondern die Vergebung kommt nach reformatorischem Verständnis direkt von Gott. Das bedeutete den Bruch mit der bisherigen kirchlichen Institution. Immer noch erklären manche katholische Theologen, die Reformation sei heute nicht mehr recht von Belang, weil die Missstände, gegen die sie damals protestiert habe, längst abgestellt seien. Dabei blenden sie aus, dass die Reformation einen prinzipiellen Protest formuliert hat und dadurch ganz neue Gestaltungen des Christentums hervorgebracht hat: Die Reformation war mehr als eine Reform, sie war eine Neuformierung.

II. Luther und Wittenberg

10. Womit hat die Reformation angefangen? Die Luther-Forschung hat lange nach dem Ursprung der Reformation gesucht. Sie nannte dies den «reformatorischen Durchbruch» und meinte damit die eine theologische Entdeckung, die einzigartige religiöse Erfahrung, den geheimen Ausgangspunkt im Denken und Glauben Luthers, von dem aus die ganze Reformation zu verstehen wäre. Dazu untersuchte sie in beeindruckenden Interpretationen die frühesten Texte Luthers: Vorlesungen, Zettel, Randbemerkungen in Lehrbüchern, mit denen er arbeitete. Wo ist hier schon das Neue, das unverwechselbar Reformatorische im Unterschied zum Altkatholisch-Spätmittelalterlichen zu finden?

So viel diese Arbeiten auch für ein Verständnis des vor- und frühreformatorischen Reformators geleistet haben, insgesamt muss man sie als gescheitert ansehen. Denn die Reformation ist keine theologische Entdeckung gewesen, der man in einer einzelnen Textquelle begegnen könnte und die dann erst in einem zweiten Schritt in die Öffentlichkeit hinausgetreten wäre. Das ist ein Vorurteil, das für Theologen besonders naheliegt. So hätte man es gern: Es gibt da eine reine, allein im Studium von Bibel und Tradition gewonnene theologische Einsicht, eine neue Lehre, die dann, wenn sie durchdacht und ausformuliert ist, in die Welt geht, um sie von Grund auf zu verändern. Doch geschichtliche Neuerungen und Epochenwenden sind stets das Ergebnis eines komplizierten Wechselspiels aus Lehre und Leben, individuellem Nachdenken und öffentlicher Reaktion, Religion und Politik, mit beeinflusst von ungezählten Zufällen. Erst in der Rückschau und auch dann nur in Umrissen kann man vage erkennen: Damals hat etwas Neues begonnen.

So war es auch bei Luther. So intensiv seine stillen, intellektuellen und existentiellen Vorarbeiten auch waren, zum Reformator wurde er erst, als er in die Öffentlichkeit trat. Dazu bedurfte es eines konkreten Anlasses, der jedoch eine Dynamik entfaltete, die weit über das hinausging, was sich Luther zu Beginn vorstellen konnte. Luthers Reformation begann also nach vielfältigen inneren Vorbereitungen erst in dem Moment, als sie öffentlich zum Konflikt wurde. Dies geschah durch den Streit um den Ablass. Erst mit ihm begann die Reformation.

Der Ablass war ein wesentlicher Bestandteil katholischer Kirchenkultur. Er funktionierte wie folgt: Nach traditioneller katholischer Lehre werden die Menschen, die in ihrem Erdenleben sündigen, dafür im Jenseits bestraft; entweder endgültig durch ewige Höllenqualen oder zeitweise in der reinigenden Vorhölle, dem Fegefeuer. Die Kirche besitzt nun einen Gnadenschatz, der durch Heilige erworben wurde und von der Kirche verwaltet wird. Von diesem Gnadenschatz kann sie den Gläubigen einen Anteil geben, so dass ihre Fegefeuerzeit verkürzt wird. Dies muss allerdings bezahlt werden – durch rituelle Handlungen oder mit Geld. Die Kirche hatte also einen Fonds an Heilskapital aufgelegt, in den sich die religiösen Kunden einkaufen konnten. Intensives Marketing durch Wanderprediger sorgte für erheblichen Zuspruch. Doch war der Ablass ein problematisches Heilsfinanzprodukt: Der reale Wert des Fondskapitals war nicht messbar, die Kosten waren hoch, die Vermittlungsgebühren intransparent, die Ausschüttung sollte zu einem Zeitpunkt erfolgen, den man selbst nicht mehr erleben konnte, nämlich im Jenseits.

Durch den Werbefeldzug des Ablasspredigers Johann Tetzel kam dieses Produkt in Luthers unmittelbare Nähe. Tetzel war mit seiner Werbung sehr erfolgreich und in seinen Mitteln nicht zimperlich. So soll er gepredigt haben, er «hätte die Gnade und Gewalt vom Papst, wenn einer gleich die heilige Jungfrau Maria, Gottes Mutter, hätte geschwängert, so könnte er's vergeben, wo derselbe in den Kasten legt, was sich gebührt. Er hätte mit Ablass mehr Seelen erlöst, als S. Petrus mit seinem Predigen. Ebenso, wenn einer Geld in den Kasten legt für eine Seele im Fegefeuer, sobald der Pfennig auf den Boden fiel und klingelte, so führe die Seele heraus gen Himmel.» Aus Sorge um seine Wittenberger Gläubigen schrieb

Luther seine 95 Thesen und verschickte sie am 31. Oktober 1517 an Freunde, Kollegen und Vorgesetzte, um eine Debatte anzustoßen. Dabei handelte er noch als ein seiner Kirche treu verbundener, verantwortungsbewusster Theologieprofessor, also wie ein Reform-katholik.

Zum Reformator wurde Luther, als er bemerkte, dass seine Kritik nicht gehört, sondern bekämpft wurde. Schritt für Schritt entfaltete er nun in einem immer schärfer werdenden Kampf seine Grundgedanken so, dass daraus spätestens im Folgejahr etwas ganz anderes wurde. Seine Ablasskritik enthielt in sich schon alles Wesentliche: die Kritik an einer falschen Frömmigkeitswirtschaft, einer falschen Kirchlichkeit, am Papsttum überhaupt. Sein Einsatz für religiösen Verbraucherschutz führte zu einer prinzipiellen Kirchenkritik. Doch am Anfang wird ihm das kaum in dieser Radi-kalität deutlich gewesen sein. Erst als er erleben musste, wie er für seine konstruktiv gemeinte Kritik verketzert wurde, kam er zu der Auffassung, dass die Kirche grundsätzlich verdorben war. Indem er 1517 also gegen Tetzels Werbefeldzug für den Ablass protestierte und erklärte, dass man das Heil nicht erkaufen könne, wandte er sich nicht nur gegen eine beliebte Form der damaligen Frömmig-keitskultur, sondern stritt gegen einen zentralen Grundsatz der Kirche, wonach das Heil durch die Institution vermittelt werde. Dagegen proklamierte Luther, dass das Heil des Einzelnen nur aus seinem eigenen Glauben kommen könne. Dieser Glaube sei ein Ge-schenk Gottes, eine Gnade. Deshalb sei das Heil umsonst und brauche keine Kirche und keinen Papst.

Mit dieser neuen Botschaft traf Luther das Selbstverständnis der Kirche ins Mark. Sehr bald wurde klar, dass der Streit sich nicht mehr bloß um Tetzels geschmackloses Ablass-Marketing drehen konnte, sondern viel grundsätzlicher das Wesen des christlichen Glaubens, die Aufgaben und die Grenzen der Kirche betreffen musste – mit weitreichenden Folgen für das gesamte gesellschaft-liche Leben. So entstand eine Bewegung, die Luther innerhalb von nur drei Jahren zu einem der bekanntesten Menschen seiner Zeit und dann der Weltgeschichte machte.

Das konnte nur geschehen, weil er keine einsame, heroische Ausnahmegestalt, sondern in eine große antirömische Bewegung eingebettet war. Der römische Nuntius schrieb 1521 nach Rom: «Jetzt aber ist ganz Deutschland in hellem Aufruhr; neun Zehnteile erheben das Feldgeschrei: ‹Luther!›, und für das übrige Zehntel, falls ihm Luther gleichgültig ist, lautet die Losung wenigstens: ‹Tod dem römischen Hofe!›» Luther wirkte wie der Funke, der einen Flächenbrand auslöste. Ohne trockenes Land und bereitliegenden Brennstoff hätte er nicht gezündet, ohne seinen Funken jedoch wäre vielleicht nichts geschehen.

11. Was erlebte Luther im Turm? Luther schilderte in einem Rückblick, den er 1545, also kurz vor Ende seines Lebens verfasste, seine reformatorische Entdeckung in seinem Turmzimmer in Wittenberg so:

«Ich war von einer wundersamen Leidenschaft gepackt worden, Paulus in seinem Römerbrief kennenzulernen, aber bis dahin hatte mir nicht die Kälte meines Herzens, sondern ein einziges Wort im Wege gestanden, das im ersten Kapitel steht: ‹Die Gerechtigkeit Gottes wird in ihm (d. h. im Evangelium) offenbart›. Ich hatte nämlich dieses Wort ‹Gerechtigkeit Gottes› zu hassen gelernt, das ich nach dem allgemeinen Wortgebrauch aller Doktoren philosophisch als die sogenannte formale oder aktive Gerechtigkeit zu verstehen gelernt hatte, mit der Gott gerecht ist, nach der er Sünder und Ungerechte straft. Ich aber, der ich trotz meines untadeligen Lebens als Mönch, mich vor Gott als Sünder mit durch und durch unruhigem Gewissen fühlte und auch nicht darauf vertrauen konnte, ich sei durch meine Genugtuung mit Gott versöhnt: ich liebte nicht, ja, ich hasste diesen gerechten Gott, der Sünder straft; wenn nicht mit ausgesprochener Blasphemie, so doch gewiss mit einem ungeheuren Murren war ich empört gegen Gott und sagte: ‹Soll es noch nicht genug sein, dass die elenden Sünder, die ewig durch die Erbsünde Verlorenen, durch den Dekalog mit allerhand Unheil bedrückt sind? Muss denn Gott durch das Evangelium den Schmerzen noch Schmerzen hinzufügen und uns durch das Evan-

gelium zusätzlich seine Gerechtigkeit und seinen Zorn androhen?›
So raste ich in meinem wütenden, durch und durch verwirrten Gewissen und klopfte unverschämt bei Paulus an dieser Stelle an, mit heißestem Durst zu wissen, was St. Paulus damit sagen will. Endlich achtete ich in Tag und Nacht währendem Nachsinnen durch Gottes Erbarmen auf die Verbindung der Worte, nämlich ‹Die Gerechtigkeit Gottes wird in ihm offenbart, wie geschrieben steht: Der Gerechte lebt aus dem Glauben›. Da habe ich angefangen, die Gerechtigkeit Gottes so zu begreifen, dass der Gerechte durch sie als durch Gottes Geschenk lebt, nämlich aus Glauben; ich begriff, dass dies der Sinn ist: offenbart wird durch das Evangelium die Gerechtigkeit Gottes, nämlich die passive, durch die uns Gott, der Barmherzige, durch den Glauben rechtfertigt, wie geschrieben steht: ‹Der Gerechte lebt aus dem Glauben.› Nun fühlte ich mich ganz und gar neugeboren und durch offene Pforten in das Paradies selbst eingetreten. Da zeigte sich mir sogleich die ganze Schrift von einer anderen Seite.»

Nie ist eine neue Bibelauslegung so eindrücklich als Drama erzählt worden. Hier zeigt sich Luthers schriftstellerisches Talent. Das veränderte Verständnis einer biblischen Vokabel wird zu einem wahrhaft erstaunlichen Ereignis. Natürlich hat Luther im Rückblick manches verkürzt und zusammengezogen, vor allem aber kräftig stilisiert. Doch sein Grundmotiv wird deutlich. Als ehrlich bemühter Mönch hatte er versucht, auf den Wegen der damaligen Frömmigkeit – durch Gottesdienstbesuch, Beten, Fasten oder Beichten – ein guter Christ zu werden. Doch musste er feststellen, dass alle seine Anstrengungen vergeblich waren und er sich «nimmermehr satt beichten» konnte. Erst durch ein neues Verständnis der Gerechtigkeit Gottes fand er Erlösung und Befreiung: Diese Gerechtigkeit ist kein Maßstab, nach dem Gott den Menschen be- und verurteilt, sondern ein anderes Wort für seine Gnade, mit der er aus freien Stücken Sünder gerecht spricht. Diese Einsicht formulierte Luther dann in seiner Rechtfertigungslehre theologisch aus.

Durch die Stilisierung zu einem einmaligen Erleuchtungserlebnis, das als «Turmerlebnis» in die Geschichte eingegangen ist, hat

Luther selbst die Legende in die Welt gesetzt, dass die Reformation die Umsetzung einer im Stillen entdeckten theologischen Einsicht war. Aber ohne die Legende von einem «reformatorischen Durchbruch» hätte sich die Reformation vielleicht gar nicht so rasant verbreitet.

12. Warum hat Luther den Papst so gehasst? Als Luther erleben musste, dass die kirchliche Obrigkeit auf seine Kritik nur mit Drohungen reagierte, sich von ihm nicht überzeugen ließ, sondern ihn verketzerte und verfolgte, da wurde aus seiner Kirchenliebe – Hass. Langsam wuchs in ihm die immer fester werdende Überzeugung, dass die Kirche nicht mehr christlich und der Papst ein Feind Christi sei. In einer Schärfe, die heutige, tolerant und ökumenisch gesinnte Leser nicht mehr nachvollziehen können oder ertragen wollen, verkündete er diese schreckliche Botschaft: Die Kirche wird vom Anti-Christ regiert. Vielleicht konnte er gar nicht anders, als dies zu glauben. Für die weitere Geschichte der Reformation aber sollte dieses Wechselspiel von Hass und Gegenhass furchtbarste Folgen haben. Denn von nun an musste die Auseinandersetzung um das Wesen des Christentums zu einem apokalyptischen Krieg, einem Kampf auf Leben und Tod werden.

13. Ging Luther wegen eines Gewitters ins Kloster? Über keinen Menschen vor ihm und lange nach ihm gibt es solch eine Unmenge aussagekräftiger Quellen wie über Luther. Doch seinen Anhängern scheint das nicht genügt zu haben, weshalb sie eine Reihe von Legenden hinzuerfanden. Nachdem die Reformation die Verehrung von Heiligen abgeschafft hatte, wurde Luther für die Lutheraner eine Art Heiliger, über den fromme Geschichten erzählt wurden. Diese Legenden dienten nicht zuletzt der kirchlichen Zähmung dieses unbändigen Menschen, so wie bei vielen katholischen Heiligen auch. So wurde auch Franz von Assisi nachträglich mit Hilfe frommerbaulicher Geschichten auf ein kirchlich erträgliches Maß gebracht.

Eine Legende geht so: Im Jahr 1505 wurde der junge Luther auf einer Wanderung durch eine Gewitternacht kurz vor Stotternheim von einem Blitzschlag so erschreckt, dass er mit den Worten «Hilf du, heilige Anna, ich will ein Mönch werden!» eine radikale Lebenswende vollzogen hat. So legt es der alte Luther in einer Tischrede von 1539 selbst nahe. Doch eine so plötzliche existentielle Kehre – man denkt unwillkürlich an die Bekehrung des Paulus vor Damaskus – hat es nicht gegeben. Lebensungewissheit und Todesangst hatten Luther schon lange um- und dann ins Kloster getrieben.

14. Hat es Luthers Thesenanschlag am 31. Oktober 1517 tatsächlich gegeben? Die bekannteste Luther-Legende geht so: Luther, der Mann mit dem Hammer, schlägt seine 95 Thesen an die Tür der Schlosskirche zu Wittenberg. Jeder Hammerschlag ein Sargnagel für das römische Papsttum. Wer sonst nichts von Luther und seiner Theologie weiß, dieses Bild kennt er. Groß war deshalb die Aufregung, als der katholische Kirchenhistoriker Erwin Iserloh vor fünfzig Jahren in Zweifel zog, dass der Thesenanschlag überhaupt stattgefunden hat. Denn dafür gebe es keine Belege in den Quellen. Wahrscheinlich habe Luther seine Thesen schlicht mit der Post verschickt. Eine spektakuläre Protestaktion habe er nicht im Sinn gehabt, sondern nur eine akademische Debatte unter Ausschluss der Öffentlichkeit. Evangelische Kirchenhistoriker waren zunächst empört. Dann schloss sich eine lange Debatte an. Ihr Ergebnis fällt nüchtern aus. Es ist wahrscheinlicher, dass es den Thesenanschlag gegeben hat, als dass es ihn nicht gegeben hat. Aber auf keinen Fall war er von Luther als epochale Tat gemeint.

15. Was hat Luther in Worms wirklich gesagt? Am 18. April 1521 trat Luther vor den Reichstag zu Worms. In größeren und kleineren Schriften hatte er seine Botschaft verkündigt. Verschiedene Schlichtungsversuche und Gespräche mit Vertretern des Papstes waren gescheitert. Nun sollte er vor Kaiser Karl V. seine Position vorstellen. Das tat er – unter Lebensgefahr, wenn auch unter dem Schutz seines Landesherrn, Friedrichs des Weisen. Mit großem Mut vertrat Luther seine Sache. Solange seine Theologie nicht durch eine bessere Auslegung der Bibel widerlegt werde, könne er sie nicht aufgeben, selbst wenn ihn dies sein Leben kosten würde: «Widerrufen will ich nicht. Gott helfe mir!» Wegen dieses Satzes, in dem Luthers Gewissensmut seinen besten Ausdruck findet, wäre dieser 18. April eigentlich ein besserer Reformationstag als der 31. Oktober. Den noch berühmteren Satz «Hier stehe ich, ich kann nicht anders!» jedoch dürfte Luther nie gesagt haben. Sein Mut wurde nicht belohnt. Der Kaiser erklärte, Luther als Ketzer verfolgen zu wollen. Luther musste fliehen und wurde von seinem Kurfürsten inkognito auf die Wartburg gebracht.

16. Hat Luther mit dem Teufel gekämpft? Auf der Wartburg soll Luther mit dem Teufel gestritten haben – so will es eine andere beliebte Legende. Da dieser ihn bei der Übersetzung des Neuen Testaments stören wollte, habe er ein Tintenfass nach ihm geworfen. Noch heute wird in der Wartburg der Tintenfleck an der Wand seiner Stube gezeigt (von dem es allerdings heißt, dass er von Zeit zu Zeit nachgemalt würde). Diese Geschichte ist bezeichnend für den späteren Umgang mit Luthers Teufelsglauben: Man machte eine neckische Anekdote daraus. Für Luther jedoch war der Teufel ebenso wie Gott eine intensiv erlebte Wirklichkeit. Der unablässige Kampf mit dem Teufel gehörte für ihn zu den Grunderfahrungen seines inneren Lebens.

17. Wer hat das beliebteste Luther-Zitat erfunden? «Und wenn morgen die Welt untergeht, würde ich noch heute ein Apfelbäumchen pflanzen.» So lautet das berühmteste aller Luther-Zitate. Leider stammt es nicht vom Reformator. Erst vierhundert Jahre später, Ende des Zweiten Weltkriegs, ist es in frommen Zirkeln der Bekennenden Kirche entstanden – als ein Trostvers, der mitten in einer furchtbaren Weltvernichtung Hoffnung schenken sollte. In der Nachkriegszeit sollte der Satz eine beispiellose Karriere machen und dem deutschen Aufbau- und Verdrängungswillen einen lutherischen Anstrich verleihen. Gottfried Benn, der verlorene Pastorensohn, hat sich davon sogar zu einem Gedicht mit dem Titel *Was meinte Luther mit dem Apfelbaum?* inspirieren lassen.

Das früheste Luther-Bildnis: Titelholzschnitt zu Luthers «Sermon geprediget tzu Leipsig uffm Schloß am tag Petri und Paul», gedruckt 1519 in Leipzig.

Was meinte Luther mit dem Apfelbaum?
Mir ist es gleich – auch Untergang ist Traum –
ich stehe hier in meinem Apfelgarten
und kann den Untergang getrost erwarten –
ich bin in Gott, der außerhalb der Welt
noch manchen Trumpf in seinem Skatblatt hält –
wenn morgen früh die Welt zu Bruche geht,
ich bleibe ewig sein und sternenstet –

meinte er das, der alte Biedermann
u. blickt noch einmal seine Käte an?
und trinkt noch einmal einen Humpen Bier
u. schläft, bis es beginnt – frühmorgens vier?
Dann war er wirklich ein sehr großer Mann,
den man auch heute nur bewundern kann.

AETHERNA IPSE SVAE MENTIS SIMVLACHRA LVTHERVS
EXPRIMIT·AT VVLTVS CERA LVCAE OCCIDVOS
·M·D·X·X·

Sanfter Augustiner-
mönch: Lucas
Cranach d. Ä.
porträtierte Martin
Luther erstmals
1520.

18. Wie hat Luther ausgesehen? Es ist eine besondere Ironie der
Reformationsgeschichte, dass ausgerechnet derjenige, der die
grundsätzliche Kritik des mittelalterlichen Bilderkultes eingeleitet
hatte, selbst zum verehrten Bildobjekt wurde. Etwa 500 Porträts
wurden von Luther angefertigt. Viele davon waren Grafiken, die
massenhaft gedruckt und vertrieben wurden. Für eine Zeit, in der
nur die höchsten Persönlichkeiten – oder die absonderlichsten –
porträtiert wurden, ist die Masse an Luther-Bildern sehr erstaunlich. Aber keines dieser Bildnisse zeigt Luther so, wie er wirklich ausgesehen hat. Sie zeigen ihn so, wie er gesehen werden sollte.

Das erste Bild, das von Luther angefertigt wurde, ist das Titel-
bild einer Luther-Predigt zu einer Disputation im Jahr 1519. Viel ist

Martin Luther auf dem Totenbett: Lucas Cranach d. Ä. malte 1546 einen friedlich und getröstet entschlafenen Luther.

auf ihm nicht zu erkennen: Ein schmächtiger Mönch mit Gelehrtenhut, ein schüchterner Intellektueller beim Reden. Ein individuelles Gesicht ist hier noch nicht zu sehen.

Viel berühmter wurde ein Bild, das der kursächsische Hof bei Lucas Cranach dem Älteren, dem Luther-Freund und Luther-Propagandisten, in Auftrag gegeben hat: ein sanfter, gar nicht streitwütiger Reformator, sondern ein stiller Mönch mit zartem Gesichtsausdruck und zum Himmel gewandten Augen. Mit diesem Bild konnte man dem Vorwurf entgegentreten, die Reformation sei eine skandalös-revolutionäre Ketzerei.

Eine hochprofessionell betriebene Imagebildung bestimmte das gesamte öffentliche Wirken Luthers. Sie endete nicht einmal mit seinem Tod. Selbst das Bild vom Sterbebett folgte offenkundig einem Interesse. Es sollte beweisen, dass der Reformator still, friedlich und getröstet gestorben war – der letzte Wahrheitsbeweis für seine Botschaft.

Sehr seltsam, ja bedenklich ist, dass Luther, der doch zu so vielen Themen so vieles zu sagen hatte, sich zu seinen Porträts und ihren theologischen und politischen Aussagen nie geäußert hat.

19. War Luther der erste Übersetzer der Bibel? Eine große Leistung Luthers bestand darin, dass er zunächst allein das Neue Testament und danach mit einem Team das Alte Testament ins Deutsche übersetzt hat. Er tat dies mit einer theologischen Leidenschaft und einem Sprachgefühl, die seine Bibelübersetzung zu einem Gipfel der Weltliteratur gemacht haben. In vielen Teilen Deutschlands wurde die Luther-Übersetzung die Bibel schlechthin, das wichtigste Buch überhaupt. Mit dieser Übersetzung – aber auch mit seinen Chorälen und seinen Predigten – hat Luther die deutsche Sprache so stark geprägt, wie es keinem Autor später je wieder gelingen sollte: Er hat ihre Ausdrucksmöglichkeiten eindrücklich vorgestellt, er hat sie zu einer «biblischen Sprache» gemacht und ihr damit eine bisher unbekannte Würde verliehen, schließlich hat er die Bestrebungen, aus den vielen deutschen Dialekten eine einheitliche deutsche Hochsprache zu machen, ungemein befördert. Diese Leistung wird nicht dadurch geschmälert, dass Luther nicht der einzige Reformator war, der eine Bibelübersetzung vorgelegt hat. Hier ist vor allem die ebenfalls sehr gelungene «Zürcher Bibel» zu nennen, die auf Zwingli zurückgeht und die in der Schweiz immer noch die gebräuchlichste Übersetzung ist. Auch in ihren modernisierten Fassungen sind diese beiden immer noch die besten und lesenswertesten deutschen Bibelübersetzungen.

Aber auch schon vor Luther und Zwingli gab es Übersetzungen. Man zählt etwa 18 vorreformatorische Volltextausgaben und zahllose Teilausgaben. Das zeigt, wie groß das Interesse war, die Bibel selbst lesen zu können. Erste bruchstückhafte Ansätze gab es schon im 9. Jahrhundert. Vor allem die für Gottesdienst und Frömmigkeit so wichtigen Psalmen wurden in die Volkssprache übertragen. Erste vollständige Übersetzungen wurden im 15. Jahrhundert angefertigt, zum Beispiel die «Münchner Bibel» von 1472. Hier half natürlich der gerade erfundene Buchdruck. Besondere Verbreitung fand eine in Nürnberg verlegte Bibel von 1483. Diese Übersetzungen widersprachen den Interessen des Klerus, der die Lektüre der Bibel nur Gebildeten, die Lateinisch lesen konnten, vorbehalten wollte und die «Heilige Schrift» daher – wie Luther sagte – «unter der Bank» hielt. Doch die Versuche, die Bibel von den Laien fernzuhalten, waren wenig erfolgreich. Mit der freien Bibellektüre wuchs eine Laienfrömmigkeit heran, die sich selbstbewusst von priesterlichen Maklerdiensten emanzipierte. Das sollte eine wichtige Voraussetzung für die Reformation werden. Das philologische, theologische und sprachliche Niveau dieser Laienbibeln vor Luther blieb allerdings niedrig.

Luthers Leistung bestand also nicht darin, als Erster die Bibel unter der Kirchenbank hervorgeholt zu haben. Sie lag längst auf dem Tisch. Entscheidend war, wie er sie las und auslegte. Er unterschied sich von seinen Vorläufern dadurch, dass er sich auf die eine Glaubensbotschaft konzentrierte, die er als Rettung seines inneren Lebens erfahren hatte. Dadurch erhielt seine Bibeldeutung und -übersetzung eine Leidenschaftlichkeit, eine Intensität, Innigkeit und Innerlichkeit, die nicht nur für die evangelische Frömmigkeit in Deutschland, sondern überhaupt für die deutsche Geisteskultur prägend wurde.

Luther las die Bibel auf diesen Punkt und damit ganz auf sich selbst hin. Diese Dringlichkeit wird in den Wörtern deutlich, mit denen er seine Lektüren umschrieb. Er «las» sie nicht einfach, sondern er «pochte» und «klopfte» bei ihr an, nicht selten «stürmte» er auch gegen sie an. Hier zeigt sich eine bedingungslose Hingabe, die zugleich zu einer unerhörten Bibelkritik führte. Heilig ist die Bibel für Luther nicht an sich, sondern insofern sie «Christum treibet», also von Christus handelt und zum Glauben führt. Diejenigen biblischen Bücher, die sich diesem Evangelium nicht einfügen ließen – wie Teile des Alten Testaments oder der Jakobusbrief –, unterzog Luther zum Entsetzen mancher Weggenossen einer kompromisslosen Sachkritik.

Aus dieser Sachkritik sollte später, ohne dass Luther dies geahnt oder gewollt hätte, das epochale Vorhaben evangelischer Theologen des 18. und 19. Jahrhunderts werden, die Bibel historisch-kritisch zu deuten, also in der Lektüre das historisch Zeitbedingte und das überzeitlich Geltende voneinander zu unterscheiden. Diese kritische Theologie unterschied sich von Luther, weil sie einen abstrakt-absoluten Wahrheitsanspruch der Bibel nicht mehr anerkannte. Sie folgte aber seinen Spuren, indem sie darauf bestand, dass der Bibelleser frei sein müsse, ohne kirchenamtliche Reglementierung in der Bibel die Wahrheit seines Lebens und Glaubens zu finden.

20. Was ist der Sinn der Rechtfertigungslehre? Eine Theologie ist zunächst eine Sache für Experten. Den normalen Christen geht sie wenig an. Sie verhandelt ein Fachproblem in einer Fachsprache. Welches Problem sie wie löst, ist den meisten Zeitgenossen kaum deutlich, noch viel weniger den Menschen späterer Epochen. So ist die Rechtfertigungslehre heute fast nur noch ein Thema für Historiker. Aber früher bewegte sie ungeheuer viele Menschen, veränderte ihr Leben von Grund auf und revolutionierte Kirche und Politik. Um sie bekannt zu machen, haben Luther und andere Reformatoren viele Predigten gehalten und Texte verfasst. Fast noch eindrucksvoller sind jedoch Bilder, die diese Lehre auch für theologisch weniger Gebildete, für die große Zahl der Analphabeten, sichtbar gemacht haben: zum Beispiel die Bilder von Gesetz und Evangelium.

Mit einem französischen Holzschnitt aus den zwanziger Jahren des 16. Jahrhunderts – wahrscheinlich von Geofroy Tory – scheint alles angefangen zu haben. Luthers Grundeinsicht war es, dass der Mensch nur durch Gottes Gnade, ohne dafür gute Werke tun zu müssen, zur Seligkeit gelangt. Da er die Anforderungen des göttlichen Gesetzes nie ganz erfüllen kann, ist er auf die freie Gnade Gottes angewiesen. Dieses Evangelium aber kann er nur erfahren,

Gesetz und Gnade: Hans Holbein d. J. griff um 1524 einen neuen Bildtypus auf, der den erlösungsbedürftigen Menschen vor dem mosaischen Gesetz und der evangelischen Gnade zeigt.

wenn das Gesetz ihm vorher seine absolute Abhängigkeit von Gott klargemacht hat. Der Holzschnitt setzt Luthers Lehre so um, dass er einen nackten Menschen unter einem Lebensbaum zeigt. Dieser teilt das Bild in zwei Hälften. Auf der linken Seite steht das Gesetz, auf der rechten Seite findet sich das Evangelium. Damit war ein neuer Bildtypus geboren. Besonders schön hat ihn Hans Holbein d. J. in seinem kleinen Gemälde *Lex et Gratia*, das um 1524 entstanden ist, ausgeführt. Unter dem Lebensbaum, der links dürre und rechts grüne Zweige trägt, sitzt ein nackter Mensch, ein Sünder. Jesaja und Johannes der Täufer bemühen sich um ihn. Sie weisen ihn auf die Gnade des Evangeliums und dessen Geschichte hin. Doch jeder Ausformung des Evangeliums entspricht auf der anderen Bildhälfte eine Gestalt des Gesetzes: Maria auf dem Berg Zion

II. Luther und Wittenberg 43

steht Mose auf dem Sinai gegenüber, der Kreuzigung Christi die Erhöhung der ehernen Schlange durch Mose (eine Episode aus der Wüstenwanderung des Volkes Israel), der weihnachtlichen Erscheinung der Engel vor den Hirten korrespondiert die Anbetung des Goldenen Kalbes, dem Gang Christi und seiner Jünger in den Garten Gethsemane der Sündenfall Adam und Evas, dem Auferstehungsgrab Christi entspricht ein Sarkophag (als Symbol des unerlösten Todes). Der Mensch steht nicht wie Herkules an einem Scheideweg. Es liegt nicht in seiner Macht, sich für den einen oder anderen Bereich zu entscheiden. Er ist auf beide Gestalten der göttlichen Offenbarung angewiesen und richtet sich doch auf das Evangelium aus. Sein Körper ist noch dem tödlichen Gesetz zugewandt. Aber sein Kopf folgt den Fingerzeigen des Jesaja und des Johannes. Sein Gesicht scheint zu zeigen, dass er ihre Predigt schon gehört und angenommen hat. Doch es bleibt eine Spannung: Auch wenn der Mensch sich nach dem Evangelium sehnt, bleibt er auf das Gesetz angewiesen. Denn erst das Gesetz gibt ihm die Einsicht in die eigene Verlorenheit, die die Voraussetzung der Erlösung ist. Die Erlösung aber schenkt die Freiheit vom Gesetz.

21. Was war Luthers Problem, was sein Unglück? Luthers Theologie war von Beginn an sehr anspruchsvoll. Mit wachsendem zeitlichem Abstand ist sie zudem immer fremder geworden. Lutherische Theologen haben eine Reihe von vereinfachenden Erklärungen entwickelt, die ihr aber die Spannungen und das Abgründige nehmen. Einen Zugang zu diesem Glaubensdenker gewinnt man aber, wenn man danach fragt, welche Erfahrungen hinter seiner Theologie stecken, welche religiösen Erlebnisse, welche existentiellen Krisen und Freuden er mit ihr deuten wollte. Dadurch wird er nicht zu einem Zeitgenossen, aber man kann so eine Ahnung davon bekommen, was er sagen wollte, und sich selbst fragen, wie man sich dazu verhalten möchte. Ob Luthers Antwort auf die Grundfrage seines eigenen Lebens, wie man einen gerechten Gott bekommt, einem Zeitgenossen noch einleuchtet, hängt aber auch davon ab, was denn heute die Grundlebensfrage ist. Man kann sagen, dass dies nicht die Frage nach dem Heil im Jenseits, sondern diejenige nach dem Glück im Diesseits ist. Will man also von heute aus einen Zugang zu Luthers Theologie gewinnen, kann man zu zeigen versuchen, was sie zur menschlichen Suche nach dem Glück zu sagen hat.

Selbst über die größten Gestalten der Antike und des Mittelalters weiß man kaum etwas Persönliches. Man kennt die Stationen ihres öffentlichen Lebenswegs, ihr äußeres Schicksal. Aber wie sie wurden, was sie waren, was sie dabei empfanden, wie ihre Persönlichkeit sich bildete, darüber schweigen die Quellen. Deshalb kann man über sie keine Biographien schreiben. Luther dürfte die erste Person der Weltgeschichte sein, bei der dies anders ist. Er ist in dieser Hinsicht der erste moderne Mensch, weil er ausführlich über sein Innenleben berichtet hat. Man kann eine Biographie über ihn verfassen, die sowohl seinen äußeren als auch seinen inneren Weg nachzeichnet und bei der man ein anderes, uns heute fremdes Verständnis von Glück und Unglück kennenlernen kann.

Die Geschichte von Luthers Reformation wurde durch Unglückserfahrungen ausgelöst: die «Anfechtungen». Er hat sie als Angst- und Verzweiflungsattacken erlebt, die plötzlich und zumeist nachts über ihn kamen. Es lassen sich drei Formen unterscheiden: die Todes-, Buß- und Prädestinationsanfechtungen. Erstere, die elementare Lebensangst, war – anders als für heutige Menschen – nicht sein Hauptunglück. Dies war die zweite Anfechtungsart: die Gewissensangst. Sie geht auf die Praxis der klösterlichen Buße zurück. In der Buße wurde Luther so mit Gott als dem Urbild des Guten konfrontiert, dass er an der eigenen ethischen Unvollkommenheit verzweifeln musste. Der innere Ort, an dem er das Zorngericht Gottes erfuhr, war sein Gewissen. Die Tragik von Luthers Klosterkämpfen bestand darin, dass er nur die negative Wirkung der Buße erfuhr, deren positives Ziel aber, die Vergebung, als wirkungslos erlebte.

Drastisch hat Luther über seine Bußanfechtung in einer Tischrede berichtet. Darin erscheint sie als nächtliche Disputation mit dem Teufel. Wie ein ausgewiesener Theologe tritt der Teufel an

Luthers Bett und legt ihm eine unerbittliche Argumentation vor: «Gott ist Sündern feind; du bist ein Sünder, drum ist dir Gott feind.» Das eigentlich Grauenhafte dieses Schlusses bestand noch nicht darin, dass Luther Gott als seinen Feind erfuhr, sondern dass er diese Feindseligkeit nachvollziehen konnte. Er musste zugeben, dass Gottes Zorn berechtigt ist. Diesen Zorn erlebte Luther als absolute Gottesferne. Er meinte, «er sei ganz verlassen und ist kein Gott mehr im Himmel, der ihn kennen oder hören will». «Zorn Gottes» meint also keine Strafaktion in einem gegenständlichen Sinn, sondern die religiöse Erfahrung höchster Einsamkeit und letzter Sinnverweigerung. Die Erfahrung war weniger «mittelalterlich», sondern weist auf moderne Erfahrungen des radikalen Zweifels am Sinn des Lebens voraus, etwa wenn Luther schrieb: «Wird der Mensch so sehr Gott feind um der Strafe willen, während er fühlt, dass er ein Sünder ist und nicht gerecht vor Gott da steht und er ihm nicht hold ist, da wollte er lieber, dass kein Gott wäre.»

Diese Bußanfechtung konnte Luther überwinden, und das sollte das Glück seines Lebens werden. Doch hat er noch eine dritte Form religiöser Verzweiflung erfahren: die Prädestinationsanfechtung. Sie entzündete sich am Eindruck einer letzten Rätselhaftigkeit Gottes. Vor die Majestät Gottes gestellt, musste er einsehen, dass er dessen Willen nicht erkennen, geschweige denn beeinflussen kann: Anscheinend erwählt und verwirft Gott die Menschen ganz willkürlich. Dieser Eindruck weckte in ihm die Angst, dass er selbst nicht zum Heil, sondern zur Verdammnis vorherbestimmt («prädestiniert») sei. Anders als im Fall der Bußanfechtung jedoch, die ja den Sinn hat, den Menschen über seine Boshaftigkeit aufzuklären, konnte Luther diesem Schrecken kein nachvollziehbares Motiv zuordnen. So gewann er mitunter den Eindruck, als wäre Gott «mir feind ohne alle Ursache». Dagegen wusste er sich nur dadurch zu helfen, dass er diese Angst zu verdrängen suchte. Die so angefochtene Seele «soll sich davor hüten, dass sie mit ihren Gedanken und den Teufeln über diese Sachen nicht disputiere und auf ihre Einwürfe keine Antwort gebe, sondern denselben ein taubes Ohr entgegen halte, und sie vorüberrauschen lasse».

22. Wie fand Luther sein Glück? Wo das Unglück am tiefsten ist, ist die Rettung am nächsten. Als Luther resignierte und erkannte, dass er aus eigenem Bemühen nichts vermochte, was ihn Gott nahebrächte, erlebte er eine beseligende Umkehrung. Er erfuhr, dass Gott ihn nur verdammt, um ihn gerecht zu sprechen. Dies geschieht nicht durch rituell-sakramentale Übungen wie Beichte und Buße, sondern im Glauben an Jesus Christus. Dieser wurde für Luther zum «Spiegel des väterlichen Herzens». Im Spiegel des Gekreuzigten erkannte er, dass Gott sich ihm in der Gestalt des Gegenteils mitteilte: «Er scheint zu töten, macht aber im Gegenteil lebendig; er schlägt, aber in Wahrheit macht er vielmehr gesund; er macht zu Schanden, aber dann setzt er in Wahrheit zu Ehren.» Der Glaube war für Luther die Kunst, durch den zornigen zum barmherzigen Gott hindurchzuschauen. Dieser Glaube macht frei – vor allem frei von sich selbst, von eigenen Sorgen, Ängsten und Bemühungen. Der Gläubige läuft «von sich selbst fort und zu Gott hin» und gewinnt so das eigentliche Glück, nämlich «ein fröhliches Gewissen in Gottes Barmherzigkeit». Gefühle, die Luther lange nicht mehr erfahren hatte, erfüllten ihn nun: Aus Einsamkeit wurde Vertrauen, aus Angst wurde Hoffnung, aus Bedrückung Freiheit, aus Skrupeln Sorglosigkeit, aus Traurigkeit Freude.

Als der Teufel wieder einmal in der Nacht zu ihm kam, konnte Luther ihm nun selbstbewusst antworten, dass seine Argumentation falsch sei. Ja, Gott hasst die Sünde, aber nein, er hasst nicht den Sünder. Die nächtliche Debatte konnte Luther nun mit den Worten beenden: «Leck mich im Arsch; Gott ist nicht zornig wie du sagst» – und endlich einschlafen.

Der neue Glaube schenkte Luther eine ungekannte innere Ruhe. Die Sorge um sich selbst hatte ihn unruhig sein lassen. Er «zappelte und hielt nicht still sein Herz, sondern wappelte und schlutterte hin und her». Jetzt aber wurde sein Herz still. Luther erlebte diese Stille als ein Schweben, als ungehinderte Lebendigkeit. Endlich konnte er Gutes tun, ohne zu berechnen, was ihm dies einbringen würde. Nun wurde er zum «Knecht aller Dinge». Er verknüpfte mit seinem Tun keine Interessen mehr, sondern tat das Gute um des Guten willen und half seinem Nächsten einfach so, dass es diesem – aber nicht ihm selbst – «nützte». Diese innere Freiheit erfuhr Luther als höchst lustvoll. Selbstvergessen konnte er sich nun einer guten Sache hingeben: «mit fröhlichem, friedlichem, sicherem Herzen, und ganz als ein freier Geselle. Also ein Christenmensch tut alles fröhlich und frei, nicht um viele Verdienste zu sammeln, sondern weil es ihm eine Lust ist, Gott so zu gefallen.»

Wollte man mit Luther die Frage beantworten, woran man erkennt, ob das eigene Tun gut sei, dann müsste man nur sagen: Prüfe, ob du dein Tun in dieser Weise als lustvoll erfährst. Luther lehrte also fast so etwas wie eine hedonistische und utilitaristische Ethik: Gut ist, was mit Lust getan wird. Und was dem Nächsten nützt – was immer das sein mag. Man wird es schon selbst herausfinden, wenn man sich nur offen und spontan dem Leben zuwendet und sich dabei nicht um vorgesetzte Moralkataloge kümmert.

Dieses neu gefundene Glück brachte Luther dazu, den Glauben radikal zu vereinfachen. Seine reformatorische Theologie trug er nicht mit dem Anspruch vor, etwas ganz Neues zu verkündigen, sondern er wollte den Glauben auf sein eigentliches Wesen reduzieren und konzentrieren. Er wollte die unnötigen und verfälschenden Zusätze fortschaffen. Das zeigt das bekannte vierfache «nur». Der Christ lebt nur aus dem Glauben – sola fide –, dem Glauben nur an Christus – solus Christus –, der dem Menschen das Heil nur aus Gnade schenkt – sola gratia –, wozu man sich nur am Wort der Heiligen Schrift ausrichten soll – sola scriptura. Auch wenn man einwenden kann, dass ein vierfaches «sola» eigentlich widersinnig ist, machen diese Formeln Luthers religiöse Konzentrationsfähigkeit sehr schön deutlich.

23. War Luther ein kritischer Theologe? Eine der wichtigsten Aufgaben eines modernen Intellektuellen besteht in der Ideologiekritik. Ideologien sind Ideale, hinter denen sich eigene oder fremde Interessen verstecken, die aber nicht offengelegt werden und die denen, die an die Ideologie glauben, oft gar nicht bewusst sind. Eine Religion kann eine Ideologie sein, wenn sie dazu dient, die

Gläubigen in Abhängigkeit und Unfreiheit von einer herrschenden Schicht zu halten. Die großen Ideologien des 20. Jahrhunderts wie Kommunismus oder Rassismus haben ihre Macht verloren, aber ideologisch bestimmt sind die Menschen immer noch. Die einen glauben an den «Markt», als wäre dies eine unsichtbare Hand, die alles zum Guten wendet. Andere fordern Solidarität, möchten aber nur ihrem Ressentiment gegen diejenigen, die mehr besitzen, Ausdruck verleihen. Wieder andere protestieren gegen Überfremdung, wissen jedoch nicht zu sagen, worin ihre eigene Kultur besteht. Noch einmal andere predigen eine goldene Zukunft des Digitalen, wollen aber nur ihren Profit mehren. Dem Kritiker solcher Ideologien gehen die Gegenstände nicht aus, an denen er die Verschleierung von Interessen offenlegen kann. Für eine wesentliche Aufgabe der Ideologiekritik allerdings haben viele Ideologiekritiker keinen Sinn: die Selbstkritik. Dabei ist es gerade die selbstkritische Einsicht, selbst an Ideale zu glauben, hinter denen sich eigene oder fremde Machtinteressen verstecken, die eine echte Selbsterkenntnis eröffnet. Ohne Selbstkritik kann die Ideologiekritik selbst zur Ideologie werden.

Luther ist ein kritischer Theologe und einer der radikalsten Ideologiekritiker, weil er die Ideologiekritik immer auch als Selbstkritik versteht. Der Mensch ist in Luthers Augen ein Lügner. Ständig belügt er andere, aber auch sich selbst dadurch, dass er seine eigennützigen Absichten verbirgt, leugnet oder unter der Maske der Tugend verbirgt. Das aber ist für Luther «Sünde»: nicht diese oder jene (zum Beispiel sexuelle) Verfehlung, sondern die grundsätzliche Selbstbezogenheit jedes Menschen. Der Sünder ist «eine krumme Seele», die «in allen Dingen sich in sich selbst biegt und das ihre sucht». Der schlimmste Sünder ist nicht der Wüstling, der in aller Öffentlichkeit böse Dinge tut, sondern der Scheinheilige, der seine Selbstbezogenheit als Tugendhaftigkeit tarnt. Dagegen hilft nur lebenslange «Buße». Damit meint Luther kein klerikal gesteuertes Ritual, sondern die beständige Gewissensprüfung, in der der Mensch seiner eigenen Verlogenheit auf die Spur kommt. Buße ist «Selbsterkenntnis», nämlich die Kritik der

eigenen Ideologieproduktion, mit deren Hilfe man sich die Selbst-
bezüglichkeit des eigenen Wollens vor anderen und vor allem vor
sich selbst verbirgt. «Buße» als Selbstaufklärung sollte also die
Grundtätigkeit eines Christen und eines jeden um Ehrlichkeit
bemühten Menschen sein. Sie ist ein anstrengendes Geschäft, zugleich aber die Bedingung dafür, dass man frei von Nebenabsich-
ten wird, mit sich selbst ins Reine kommt, aufrichtig durch das
Leben geht und mit anderen Menschen in Frieden leben kann.

24. Welches Bild hatte Luther von Gott? Luthers Bild von Gott
war von einer ungeheuren Intensität. Gott wurde von Luther als
die alles bestimmende Wirklichkeit erlebt – in jedem Moment
seines Denkens, Fühlens und Handelns. Diese Intensität und
Innigkeit der Gottesvorstellung ist heute kaum mehr nachzuempf-
inden. Dabei war sie aber nicht fromm in einem konventionellen
Sinn, sondern spannungsgeladen und voller Gegensätze. Sie
konnte sich zu zartesten mystischen Äußerungen der Gottesver-
bundenheit aufschwingen, aber auch abstürzen – bis an den Rand
der Gotteslästerung.

Gott war für Luther der eine, allmächtige und allgegenwärtige
Schöpfer aller Dinge. In dieser metaphysischen Majestät aber ist er
für den Menschen unerkennbar. Deshalb offenbart er sich. Dies tut
er aber nicht direkt und eindeutig, so dass der Mensch ihn berechnen könnte, sondern «in der Gestalt seines Gegenteils». Er zeigt
sich so, dass er dadurch die menschlichen Vorstellungen von
Macht, Größe und Göttlichkeit durchkreuzt. Er offenbart sich in
Jesus Christus am Kreuz. Hier sind seine beiden wichtigsten Eigenschaften untrennbar und paradox verbunden: seine Gerechtigkeit
und seine Liebe. Hier zeigen sich seine beiden Gesichter: seine
Ferne und seine Nähe. Wird Gott als fern erlebt, dann ist er nicht
einfach «nicht da», sondern er ist anwesend in seinem Zorn. Er
richtet den Sünder mit seinem Gesetz. Doch hat diese zornige
Ferne ein Ziel. Sie soll den Menschen wehrlos und dadurch offen
machen, die freie Gnade, die unverdiente Liebe zu empfangen.
Denn das ist Gottes eigentliches Gesicht: seine Nähe. Sie aber zeigt

sich nicht in dem Klischee eines lieben Gottes, sondern im Antlitz des Gekreuzigten. In Jesus Christus sind der nahe und der ferne, der offenbare und der verborgene Gott eins.

Darüber hinaus aber formuliert Luther noch einen weiteren Gottesgedanken, einen Grenzgedanken. Außer der Verborgenheit Gottes, die eine Gestalt seiner Offenbarung ist, gibt es noch eine Verborgenheit an sich: «Man muss anders über Gott, der uns gepredigt, offenbart, angeboten, verehrt wird, und anders über Gott, der nicht gepredigt, nicht offenbart, nicht angeboten, nicht verehrt wird, disputieren. Soweit sich nun Gott verbirgt und von uns nicht erkannt werden will, geht er uns nichts an.» Es gibt also noch eine abgründige Ferne Gottes. Sie mitzudenken ist wichtig, damit gerade der frömmste Christ nicht meint, er habe Gott durchschaut. Zugleich aber riet Luther, sich nicht neugierig in diesen Abgrund zu versenken. Denn hier gibt es nichts zu erkennen. Gott an sich geht den Menschen nichts an. Nur in Jesus Christus geht er den Menschen unbedingt etwas an. Deshalb soll der Mensch sich in all seinen widersprüchlichen Lebenserfahrungen der Nähe und der Ferne Gottes an den Gekreuzigten halten.

Das klingt fremd, aber gerade in dieser Fremdheit könnte Luthers Gottesbild der Gegenwart etwas zu sagen haben. Luther verstand Gott als «Grund und Abgrund» des Seins (Paul Tillich). Deshalb konnte es für ihn kein eindeutiges, bruchloses Gottesbild geben. Gott bleibt auch in seiner Offenbarung ein Geheimnis. Er ist nicht zu fassen. Darin liegt eine religiöse Verstörung, aber auch das Versprechen, dass Gott gerade dann nahe ist, wenn er abwesend erscheint.

III. Luther und die Folgen

25. Warum haben sich Luther und Erasmus zerstritten? Trotz
enger Verbindungen zum Humanismus war die lutherische Theologie nicht humanistisch. Das war Luther und Erasmus früher
deutlich als manchen ihrer Anhänger. Es ist Erasmus hoch anzu-
rechnen, dass er den grundsätzlichen Unterschied öffentlich gemacht hat. Es verdient Respekt, dass Luther ebenso prinzipiell
darauf geantwortet hat.

Um seine eigene Haltung zu verdeutlichen, veröffentlichte
Erasmus 1524 die kurze Schrift *Vom freien Willen*. Nach seiner
Vorstellung besitzt der Mensch einen freien Willen, denn wie sollte
jemand die Gebote Jesu befolgen, ein Leben der Gottes- und Nächstenliebe führen, wenn er nicht frei wäre, zwischen Gut und Böse zu
unterscheiden und entsprechend zu handeln? Luther antwortete
ein Jahr darauf mit der Schrift *Über den unfreien Willen*. Der Wille
des Menschen ist für Luther ein irrationaler Abgrund. Der Mensch
ist viel eher ein Getriebener als ein Treibender. Aus sich selbst
heraus kann er nichts Gutes wollen, deshalb muss ihm alles an der
Gnade Gottes gelegen sein. Wer einen freien Menschenwillen
annehme, täusche sich über die eigene Natur und beschädige die
Majestät der göttlichen Gnade. Das musste Erasmus als eine er-
schreckende Verletzung der Menschenwürde erscheinen.

Die einfache Jesus-Theologie des Erasmus dürfte heutigen
Zeitgenossen näher sein als Luthers verstörende Analyse des
menschlichen Willens und seine radikale Gnadentheologie. So
tragisch es auch ist, dass die beiden wichtigsten Vertreter von Humanismus und Reformation unversöhnlich auseinandergingen,
gehört ihr Streit zu den Sternstunden der Theologiegeschichte.
Denn es handelt sich um eine prinzipielle und notwendige Debatte
über eine Kernfrage des Christentums und der Humanität. Was ist
der Mensch? Und was ist er vor Gott? Sowohl Luther als auch Erasmus sprechen zentrale Wahrheiten über die Natur des Menschen

aus, beide können sich auf den reichen Gedankenschatz der Bibel und der Tradition beziehen. Beide haben ein berechtigtes Anliegen: hier die Einsicht, dass der Mensch zum Guten befähigt ist, dort die Erkenntnis, dass jeder Mensch im Grund seines Willens immer auch böse ist; hier das Bemühen um eine christliche Bildung des Menschen, dort die bedingungslose Ausrichtung auf die Gnade Gottes. Versöhnen ließen sich die gegensätzlichen Positionen nicht. Wahrscheinlich wird die Frage, ob der Mensch einen freien Willen hat, nie gelöst werden. Die Hirnforschung stellt sie heute auf einer anderen Ebene: Wenn das Gehirn schon weiß, was der Mensch tut, bevor er sich dieser Entscheidung bewusst ist, wie frei ist dann der Wille?

Trotz des erbitterten Streits zwischen Erasmus und Luther gab es andere Denker, die an einem Miteinander von Humanismus und Reformation festhielten. Der wichtigste von ihnen war Philipp Melanchthon (1497 bis 1560), ein hochgebildeter Gelehrter, der anfangs von Erasmus geprägt war, sich dann aber Luther anschloss. Seit 1518 lehrte er Griechisch an der Universität Wittenberg. In ihm waren Humanismus und Reformation eins: Als «Lehrer Deutschlands», so sein berühmter Beiname, förderte er Universitätsreform und Bildung, als wichtigster Berater Luthers arbeitete er an einem Neubau des Christentums. Was sich bei Luther und Erasmus nicht versöhnen ließ, wollte dieser nachdenkliche, zarte und schüchterne Gelehrte zusammenhalten. Darin liegt seine große Bedeutung. Allerdings war er am Ende seines Lebens erschöpft und verzweifelt angesichts der theologischen Grundsatzstreitigkeiten, die auch er nicht befrieden konnte.

26. Wie hat der neue Glaube die Kirche verändert? Vor einigen Jahren haben lutherische und katholische Theologen versucht, ein gemeinsames Verständnis der Rechtfertigungslehre zu entwickeln. Damit wollten sie dazu beitragen, die Trennung von evangelischer und katholischer Kirche zu überwinden. Dieses löbliche Unternehmen scheiterte jedoch daran, dass sie es unterlassen hatten, die Auswirkungen der Rechtfertigungslehre auf den Begriff der Kirche mitzubedenken. Das jedoch ist entscheidend, denn epochal bedeutsam wurde Luthers Rechtfertigungslehre, weil sie den Grund für eine anders geartete Kirche legte.

Luthers Botschaft von der Rechtfertigung, die allein aus dem Glauben kommt, nimmt der Kirche viel von ihrer herkömmlichen Bedeutung. Das Heil kommt nur aus dem Glauben, also unvermittelt und individuell. Es wird nicht von der Kirche vermittelt oder gar verwaltet. Die Gnade ist nicht abhängig von dem Verhältnis, das der Gläubige zur Kirche hat oder nicht hat. Es ist umgekehrt: Die Kirche ist gerechtfertigt, nur insofern sie dem Gläubigen von Nutzen ist. Nur wenn sie die Aufgabe erfüllt, das Evangelium bekannt zu machen, Menschen zum Gottesdienst zusammenzuführen und die Nächstenliebe zu fördern, hat sie ein Existenzrecht.

Die Kirche wird gemessen an dem Nutzen, den sie den Gläubigen und dem Gemeinwesen bringt. Um das deutlich zu machen, greift Luther eine alte Unterscheidung auf und gibt ihr eine neue Schärfe. Er unterscheidet zwischen einer sichtbaren und einer unsichtbaren Kirche. Die eigentliche Kirche ist die unsichtbare – das ist die Gemeinschaft der Glaubenden. Sie gibt es wirklich, aber nicht so, dass man sie sehen und fassen könnte. Deshalb ist sie ein Gegenstand des Glaubens. Daneben gibt es die sichtbare Kirche – das ist die Institution mit Gebäuden, Personal, Gesetzen, Riten etc. Sie darf nie für die eigentliche Kirche gehalten werden, vor allem darf sie sich nicht selbst dafür halten, denn sie ist immer auch «ein weltliches Ding». Die sichtbare Kirche muss stets von der unsichtbaren her kritisiert werden. Dennoch ist sie nicht bedeutungslos. Sie hat ihre Bedeutung, indem sie wichtige Funktionen übernimmt: Sie fördert die religiöse und moralische Kultur, also die Verkündigung, die Traditionspflege, die Erziehung, die Seelsorge, die Barmherzigkeit und das Zusammenleben im Gemeinwesen. Dieser kritische und funktionale Kirchenbegriff bahnt der religiösen Gleichheit in der Kirche einen Weg: Kein Amtsträger der sichtbaren Kirche gilt mehr als ein schlichter «Laie»; kein Amtsträger darf sich anmaßen, den Gläubigen Vorschriften zu machen und in ihr Gewissen hineinzuregieren.

Dieses neue, evangelische Verständnis der Kirche ist mit dem katholischen Kirchenbegriff nicht zu vereinbaren, denn dieser setzt die unsichtbare Kirche, «die Gemeinschaft der Heiligen», mit der sichtbaren, vom Papst in Rom regierten katholischen Kirche mehr oder weniger gleich. Nach evangelischem Verständnis ist die Kirche fehlbar und ein Mittel zum Zweck. Nach katholischem Verständnis ist die Kirche – in ihrer obersten Spitze – unfehlbar und selbst eine Gestalt des Heils. An diesem grundsätzlichen Unterschied können auch ökumenisch-diplomatische Neuformulierungen der Rechtfertigungslehre nichts ändern.

Zum Wesen epochaler Gedanken gehört jedoch, dass sie in der Wirklichkeit zunächst nur sehr unvollkommen verwirklicht werden. Zu viel durfte und darf man von den evangelischen Konsistorial-, Kirchenamts-, Pastoren- und Synodenkirchen, die aus der Reformation hervorgingen, nicht erwarten – sie waren und sind ja ebenfalls nur sichtbare Kirchen.

Dass Luther die Bedeutung der Kirche deutlich herabgestuft hatte, zeigte sich äußerlich auch daran, dass er die Anzahl der Sakramente erheblich verringert hat. Das Heil hängt nach katholischem Verständnis wesentlich am Empfang von sieben Sakramenten: Taufe, Firmung, Abendmahl, Buße, Eheschließung, Salbung der Kranken und – für die Kleriker – die Priesterweihe. Sakramente sind sichtbare Zeichen des Heils, die in einem Ritus vom Priester oder einem Bischof vermittelt werden. Luther wollte demgegenüber nur noch zwei Sakramente gelten lassen: Taufe und Abendmahl. Denn nur von ihnen wird in der Bibel erzählt, dass Jesus sie eingesetzt habe. Unentschieden blieb Luther bei der Buße: Persönlich schätzte er sie sehr hoch ein, musste aber zugeben, dass sie weder biblisch begründet noch mit einem äußeren Zeichen – vergleichbar dem Wasser der Taufe oder den Abendmahlsgaben Brot und Wein – verbunden ist.

27. Warum dürfen evangelische Pastoren heiraten und katholische Priester nicht? Ein weiteres äußeres Zeichen dafür, dass die evangelische Kirche etwas anderes ist als die katholische, zeigt sich an der Lebensform ihres Personals. Ein evangelischer Pastor soll sich prinzipiell nicht von den Mitgliedern seiner Gemeinde abheben. Er ist kein Christ höherer Ordnung. Lediglich durch seine theologische Ausbildung und seinen Dienst in der Gemeinde unterscheidet er sich. Deshalb soll er auch so leben wie alle anderen, also ein bürgerliches Leben führen, heiraten und Kinder haben. Es kann keine Sondermoral für «Geistliche» geben, denn als «geistlich» soll von nun an jeder Gläubige gelten. Wer dagegen Priester werden will, muss zuvor versprechen, ehelos zu bleiben. So soll er «leichter mit ungeteiltem Herzen Christus anhangen und sich freier dem Dienst an Gott und den Menschen widmen können».

Die ersten Priesterehen wurden im Mai 1521 in Sachsen, der Grafschaft Mansfeld und Hessen geschlossen. Die Provokation war anfangs ungeheuer, immerhin wurde ein altes Tabu gebrochen. Luther selbst scheint lange nicht daran gedacht zu haben, diesen Schritt zu gehen. Als einer der ersten großen Reformatoren heiratete Johannes Bugenhagen (1485 bis 1558). Er musste dafür noch erhebliche Nachteile in Kauf nehmen, denn er konnte wegen seiner Eheschließung nicht Hauptpastor an der Hauptkirche St. Nikolai zu Hamburg werden, obwohl er schon gewählt war. Erstaunlich schnell jedoch gewöhnte man sich an die verheirateten Pastoren. Nur dass Luther ausgerechnet mitten im Bauernkrieg Katharina von Bora (1499 bis 1552) heiratete, verstörte nicht nur Gegner, sondern auch Anhänger.

28. Wie hat Luther für seine Lehre geworben? Luther war als Reformator immer auch Agitator. Er besaß eine einzigartige Begabung, auf verschiedenen Ebenen zu denken, zu sprechen und zu schreiben. Er konnte hochgelehrte Debatten führen, fundierte Vorlesungen halten, mitreißend predigen sowie allgemeinverständlich für ein breites Publikum schreiben. Grundlage war eine solide Gelehrsamkeit, gepaart mit theologischer Leidenschaft. Luther war bestens vertraut mit den theologischen Klassikern, natürlich besonders mit der Bibel, die er im Laufe eines Jahres zwei Mal durchzulesen pflegte. Aber er besaß auch eine innige, unverkrampfte Vertrautheit mit der Volksliteratur – den populären Märchen, Liedern und Gedichten seiner Zeit. So konnte er zugleich für die theologische Fachwelt wie für die interessierte Allgemeinheit schreiben. Dabei zeichnete ihn aus, dass er immer aus «vollem Herzen» schrieb, ein echtes Anliegen vortrug, also keine kirchenamtliche Sicherheitsprosa, bemühte Pastorenpoesie oder Erbauungsbanalitäten in die Welt setzte, sondern engagierte religiöse Literatur auf höchstem literarischem und gedanklichem Niveau bot – selbst dort, wo er einfach formulierte. Und das meiste auf Deutsch, was ihm einen erheblichen Vorteil gegenüber seinen altgläubigen Gegnern einbrachte, die sich mit der Volkssprache oft schwertaten. Viele seiner Schriften waren revolutionär-provokativ. Aber es sollte nicht übersehen werden, dass ebenso viele davon ganz unpolemisch und einfach fromm waren, christliche Ratgeberliteratur im besten Sinn.

Natürlich profitierte Luther von der Weltneuheit des Buchdrucks, dieser aber auch von ihm. Die glückliche Verbindung einer neuen technischen Möglichkeit mit einem neuen Inhalt löste diese Medienrevolution aus. Aus Buchdruck und Reformation entstand erstmals so etwas wie eine publizistische Öffentlichkeit, eine öffentliche Meinung.

Eigentlich war Luther nur ein Gelegenheitsschreiber. Er folgte keinem Plan, sondern schrieb, was die Situation verlangte. Und das war sehr viel, so dass ein ungeheuer großes und vielfältiges Werk entstand: die Bibelübersetzung, reformatorische Großessays, Volksschriften und nur ein im engeren Sinn systematisch-theologisches Werk (*De servo arbitrio*). Luthers publizistisch ertragreichstes Jahr war 1520: Hier erschienen unter anderem vierzehn deutsche sowie sechs lateinische Schriften mit einer Gesamtauflage von über 200 000 Exemplaren. Mit den reformatorischen Hauptschriften dieses Jahres trat ein neuartiges Verständnis des Christentums klar und selbstbewusst an die Öffentlichkeit: der *Sermon von den guten Werken* und *Von der Freiheit eines Christenmenschen* legten den Grund für eine neue Ethik; *An den christlichen Adel deutscher Nation von des christlichen Standes Besserung* trug ein umfassendes Reformprogramm vor; *Von der babylonischen Gefangenschaft der Kirche* warf dem römischen Klerus mit dem Papst an der Spitze Tyrannei, Aberglauben und Betrug vor, mit dem er illegitim über die Kirche herrsche.

So wie heute das Internet bewirkten damals die neuen Bücher und Flugschriften der Reformation eine ungeahnte Vervielfältigung und Verbreitung von Wissen und Ansichten, eine rasante Beschleunigung und Demokratisierung, aber auch eine beängstigende polemische Verschärfung der Kommunikation. Viele konnten sich nun eine eigene Meinung bilden oder sie ausdrücken, es bildeten sich soziale Netzwerke und Gemeinschaften, aber auch Feindschaften, zugleich wurde das individuelle Lesen, das einsame Sich-Versenken in ein Buch zu einem neuen Lebensinhalt und einer neuen Form von Frömmigkeit.

29. Warum hat Luther das Poesiealbum erfunden? Die Reformation lehnte die Verehrung von Heiligen ab. Niemand sollte mehr als heilig verehrt werden außer Gott selbst. Einziger Mittler des Heils ist Christus. Zwischeninstanzen wie Priester und Heilige wurden abgelehnt. Das war nicht nur eine religiöse Revolution, sondern brachte auch erhebliche kulturelle und wirtschaftliche Umwälzungen mit sich: Es wurden keine Heiligen- und Marienbilder mehr gemalt, die Reliquien verloren mit einem Schlag ihren Wert.

Dennoch blieb bei einigen Protestanten das Bedürfnis, ein Stück des Heiligen als Ding zu besitzen, eine materielle Erinnerung an die großen Vermittler des Heils in den Händen zu behalten. Luther dürfte diesem Bedürfnis nach persönlicher Verehrung und dinglicher Erinnerung häufig begegnet sein. So kam er auf eine Idee, wie man es auf gut reformatorische Weise befriedigen konnte. Als «Reliquie» gab er denen, die danach verlangten, einzelne Blätter mit, auf die er eigenhändig einen Bibelvers samt kurzer Auslegung geschrieben hatte. Solche Blätter von Luther und anderen Reformatoren wurden gesammelt und in die Familienbibel oder eigene Stammbücher gebunden. Von hier aus versteht man die Redewendung «jemandem etwas ins Stammbuch schreiben» (mit dem Familienstammbuch nämlich, das Geburtsbescheinigung o. Ä. enthält, hat dies nichts zu tun). Solche Stammbücher wurden sehr beliebt. Studenten des 17. und 18. Jahrhunderts etwa baten berühmte Gelehrte oder Schriftsteller um Manuskripte für ihre Alben. Anfang des 19. Jahrhunderts wurde daraus eine Mode für höhere Töchter und bessere Damen, die Sprüche und Gedichte von engen Freundinnen oder Verehrern sammelten. Diese Poesiealben hielten sich eine lange Zeit. Schwundstufen davon gibt es heute immer noch: die zumeist in Rosa gehaltenen Freundschaftsbücher kleiner Mädchen. Kaum eines von ihnen dürfte ahnen, dass deren Grundmodell von Luther erfunden wurde.

Kürzlich wurde wieder ein Stammbuch aus der Reformationszeit gefunden. In der Prachtbibel des Zwickauer Bürgermeisters Oswald Lasan aus dem Jahr 1542/43 fanden sich zahlreiche Blätter vieler führender Reformatoren. Lasan war in einer amtlichen Angelegenheit mit ihnen in Kontakt gekommen und hatte die Chance genutzt, sie um Widmungen zu bitten. Eröffnet wird der prominente Reigen natürlich von Luther. In seinem Beitrag fasst er – vier Jahre vor seinem Tod – seine Bibelfrömmigkeit so zusammen:

«Wo dein Wort, Herr, mich nicht tröstet, so verginge ich in meinem Elend (Psalm 118). Das kann ja doch kein anderes Buch, Lehre noch Wort, das es könnte trösten in Nöten, Elend, Tod, Sterben, ja unter den Teufeln und in der Hölle, außer allein dieses Buch, das uns Gottes Wort lehrt. Und darin Gott selbst mit uns redet, wie ein Mensch mit seinem Freunde. Andere Lehren mögen reich, mächtig machen, zu Ehren bringen und dieses Leben hoch heben. Aber wenn Not und Tod daher stürmen, fliehen sie als die treulosen Schelmen mit Ehren, Gütern, Macht, Freundschaft, verraten einen und lassen schändlich sterben. Denn sie wissen nichts, können nichts, tun nichts in göttlichen, ewigen Sachen. Noch ist die Welt fett und unsinnig, achtet dieses Buch nichts, verfolgt und lästert es, als wäre es des Teufels Buch. Vor welchem Haufen uns Gott behüte. Amen.»

30. Welche war Luthers wichtigste Predigt? Predigten sind oft in den Wind geredet. Die Reformation aber ist der Beleg dafür, dass das gesprochene Wort eine ungeheuerliche Wirkung entfalten kann. Für Luther muss dies eine überwältigende Erfahrung gewesen sein. Es ist nicht möglich, dieses Wunder religiöser Kommunikation am Beispiel einer einzelnen Kanzelrede darzustellen. Doch gibt es eine kurze Predigtreihe Luthers, die einen Eindruck davon vermittelt, wie sehr er der Geltungskraft allein des gesprochenen Wortes vertraute.

Nach dem Reichstag zu Worms war Luther zu seinem Schutz auf die Wartburg verschleppt worden. Während er dort getarnt als Junker Jörg das Neue Testament übersetzte, gerieten die Zustände in Wittenberg außer Kontrolle. Sein Kollege Andreas Karlstadt (1486 bis 1541) nutzte das Leitungsvakuum, übernahm die Meinungsführerschaft und machte sich an eine sofortige und radikale Umsetzung der reformatorischen Ideen. Zu Weihnachten 1521 hielt er einen Gottesdienst in bloßer Straßenkleidung und teilte das Abendmahl in Brot und Wein an alle aus, die nach vorn traten Dies war damals eine skandalöse Neuerung, denn die vorherige Beichte und Anmeldung zum Abendmahl waren ohne Vorbereitung fallen gelassen worden. Im Handstreich hatte Karlstadt die gewohnte lateinische Messe abgeschafft. Dies zog radikale Kräfte in die Stadt. Die «Zwickauer Propheten» wollten das Evangelium auch politisch umsetzen, weil sie glaubten, dass das Reich Gottes unmittelbar bevorstehe. Im Februar 1522 entfernten sie gewaltsam die Bilder aus der Wittenberger Stadtkirche, um «Abgötterei zu vermeiden». Eigentlich der Reformation wohlgesinnte Bürger zeigten sich über diesen ersten Bildersturm verunsichert, überfordert, verletzt, empört und durch die rücksichtslose Umsetzung der Reformation abgestoßen. Als Luther von diesen tumultuösen Zuständen erfuhr, eilte er von der Wartburg nach Wittenberg, um vom 9. bis zum 16. März mit seinen «Invokavit-Predigten» Frieden und Ordnung wiederherzustellen. Und tatsächlich konnte er mit diesen Predigten den Einfluss Karlstadts zurückdrängen und seinen Kurs einer vermittelnden Reformation durchsetzen, die die landesherrliche Obrigkeit anerkannte und die Bilder bewahrte.

Dies gelang ihm ohne den Einsatz obrigkeitlicher Macht oder Gewalt, sondern nur mit der Kraft des Wortes.

31. War Luther tolerant? Auch wenn Luther kein Herold der Meinungsfreiheit oder des gewaltlosen Widerstands in einem modernen Sinn war, definierte er auf seine Weise dennoch die Reformation als eine prinzipiell gewaltfreie Reformbewegung. Dabei wurde er geleitet vom christlichen Friedensgebot, inspiriert aber auch von der eigenen Erfahrung, dass in Glaubensdingen nur das freie Wort etwas zu bewirken vermag. Dazu finden sich in seinen «Invokavit-Predigten» klare und schöne Aussagen.

Ein «erzwungener Glauben» ist ein sinnloses Ding. Der Glaube kann nur durch das Wort des Evangeliums geweckt werden, sonst ist er kein Glaube, sondern eine auf äußerem Zwang beruhende Scheinanpassung: «Ich kann nicht weiter an die Menschen herankommen, als bis zu deren Ohr; in ihr Herz kann ich nicht kommen. Und weil ich den Glauben nicht in ihr Herz gießen kann, so kann und darf ich sie niemals zwingen oder bedrängen, denn Gott tut es alleine und macht, dass er im Herzen der Menschen lebt. Darum soll man das Wort frei lassen und nicht unser Werk dazutun. Das Wort sollen wir predigen, aber die Folge soll Gott allein gehören.» Das richtete sich gegen die Papstkirche, die die Menschen mit weltlichem Zwang beherrschte. Das richtete sich aber auch gegen Radikalreformatoren, die ihre Vorstellungen rücksichtslos durchsetzten. Dagegen stellte Luther sich und seine Predigterfahrung als Beispiel für eine maßvolle, rücksichtsvolle und friedliche Reformation: «Ich bin dem Ablass und allen Papisten entgegen gewesen, aber mit keiner Gewalt, ich habe allein Gottes Wort getrieben, gepredigt und geschrieben, sonst habe ich nichts getan. Ich habe nichts getan, das Wort hat alles getan und ausgerichtet.» Dieser Selbstdurchsetzungskraft des Wortes müsse der Christ vertrauen, sich gegen alles wehren, was die Verbreitung dieses Wortes behindere, aber nichts gewaltsam beschleunigen.

Oder zusammengefasst in diesem schlichten Satz: «Ich kann keinen in den Himmel treiben oder mit Knüppeln dahin schlagen.»

In diesem Sinne gehört Luther in die Vorgeschichte der modernen Glaubens- und Gewissensfreiheit. Gegenüber der altgläubigen Kirche bestand er darauf, dass auch eine falsche Glaubenslehre nicht von der weltlichen Obrigkeit als todeswürdiges Verbrechen zu verfolgen sei, wenn sie nicht mit politischer Rebellion verbunden ist. Zugleich aber hielt Luther an Vorstellungen fest, die mit echter Glaubensfreiheit nicht zu vereinbaren sind. Ohne sich des Selbstwiderspruchs bewusst zu werden, sah er es als Pflicht der weltlichen Landesherren an, mit strafrechtlichen Maßnahmen gegen «falsche» Religionen und Konfessionen vorzugehen und diese zu vertreiben. Den Schritt zu einer vollen Glaubens- und Gewissensfreiheit und zu echter Toleranz konnten sich im 16. und 17. Jahrhundert nur wenige Außenseiter vorstellen: individualistische Humanisten, pazifistische Täufer und radikale Spiritualisten. Zum religionspolitischen Programm wurde das Toleranzprinzip erst von den Aufklärern des 18. Jahrhunderts erhoben.

32. Wie deutsch war Luther?   Fast schon vergessen ist, wie sehr Luther durch den deutschen Nationalismus und Nationalprotestantismus als deutscher Held vereinnahmt wurde. Gelegentlich aber sollte man sich an diese Verirrung erinnern, denn sie wirkte lang und tief. Ein Beispiel unter vielen – und noch nicht einmal das schlimmste – ist ein Gedicht des im 19. Jahrhundert sehr erfolgreichen Erbauungsschriftstellers Karl Gerok.

> Martin Luther, Mann aus Erz,
> Feuergeist und Felsenherz!
> Horch, das Festgeläute ruft,
> Steig empor aus deiner Gruft!
>
> Als ans Thor dein Hammer schlug,
> Zu zermalmen Priestertrug,
> Sprang der Riegel stracks entzwei
> Und die Geister wurden frei.

Deutsches Volk, in stolzem Ton
Nenn ihn deinen besten Sohn,
Einen deutscher'n sahst du nicht,
Seit man Thuiskons Sprache spricht.

Deutsch sein Name, deutsch sein Blut,
Deutsch sein Trotz und Mannesmut,
Deutsch sein frommes Kinderherz,
Froh in Gott im Ernst und Scherz.

Luther selbst hat sich nicht als deutsch in einem nationalistischen Sinne verstanden. Heute wäre es interessant, ihn in einer europäischen Perspektive zu sehen. Denn seine Reformation wirkte in ganz Europa, auch wenn sie als lutherische Konfessionskirche fast nur in deutschen Landstrichen sowie in Skandinavien heimisch wurde. Dieser Provinzialismus, an dem die lutherische Sache bis heute leidet, ist aber keinem Nationalgefühl, sondern kaiserlich-päpstlicher Gewaltpolitik geschuldet. Wo deutsche Fürsten und Städte sie nicht schützten, wurde Luthers Reformation vernichtet.

33. War Luther ein Antisemit? Ja, Luther hasste das Judentum und war ein Antisemit. Das erste Motiv dafür ist die klassische christliche Judenfeindschaft. Vor der Aufklärung war es – nicht nur für Christen – unvorstellbar, dass es in Wahrheitsfragen verschiedene Antworten geben könnte. Wenn also der christliche Glaube der wahre sein sollte, dann musste der jüdische Glaube falsch sein. Wenn die Christen das neuerwählte Volk Gottes sein sollten, dann musste das Volk des Alten Bundes verworfen sein, dann war eine religiös legitime jüdische Existenz nicht mehr denkbar. Diese grundsätzliche Ablehnung des Judentums teilte Luther.

Die Frage nach dem Verhältnis zum Judentum war für Luther ein Leitmotiv seiner theologischen Existenz, obwohl er mit jüdischen Menschen kaum eine Begegnung hatte. Bestimmend waren für ihn die Grundüberzeugungen seiner reformatorischen Entdeckungen. Dazu gehörte eine streng an Christus ausgerichtete

Lektüre der Bibel. «Heilig» war die Schrift nicht an sich, sondern nur insofern, als sie «Christum treibet», also Zeugnis von Christus ablegte. Dass sie dies in allen ihren Teilen tat, war Luthers Grundüberzeugung. Auch das Alte Testament konnte er nur als Christus-Zeugnis verstehen. Eine jüdische Auslegung, die nichts vom christlichen Messias wissen wollte, war für ihn undenkbar. Dies erscheint aus heutiger Sicht nicht bloß als theologische Willkür – denn die historische Bibelwissenschaft hat gelehrt, dass die Autoren der Hebräischen Bibel nirgends auf Jesus von Nazareth hinweisen wollten –, sondern darüber hinaus als Ursache einer grundsätzlichen Unfähigkeit, mit Juden in ein Gespräch einzutreten. Dass es für Luther kein auch nur relatives Eigenrecht der jüdischen Religion geben konnte, hat also nicht nur mit zeitbedingten Vorurteilen zu tun, sondern auch mit dem Herzstück seiner Theologie.

Luthers christliche Vereinnahmung des Alten Testaments musste aber nicht zu handfester Judenfeindschaft führen. Seine frühe Schrift *Dass Jesus Christus ein geborener Jude sei* von 1523 eröffnete einen für seine Zeit erstaunlichen Neuansatz. Luther wandte sich darin gegen die mittelalterliche Gräuelpropaganda über jüdische Ritualmorde und Brunnenvergiftungen sowie die dadurch legitimierten Verfolgungen. Man solle die Juden nicht mehr wie Hunde, sondern wie Menschen behandeln. Ihre Benachteiligung und Gettoisierung sollten aufgehoben werden. Alltägliche Kontakte zur christlichen Mehrheit seien zu fördern. Das Ziel dieser neuen Freundlichkeit war jedoch keine Anerkennung eines anderen religiösen Weges, sondern die Bekehrung der Juden zum Christentum. Sie sollten dabei nicht nur formal getauft, sondern richtige Christen werden. Darin zeigte sich die dunkle Kehrseite seines Aufrufs zur Duldsamkeit.

Umso größer waren Luthers Enttäuschung, sein Unverständnis und seine Verbitterung, als diese frühen Hoffnungen sich nicht erfüllten. Er konnte nicht begreifen, warum die Juden an ihrem Glauben festhielten. Da hatte er doch das Evangelium neu ans Licht der Welt gebracht – trotzdem blieben die Juden bei ihrem

Gesetz! Hier konnte nur eine schuldhafte Verstocktheit wirksam sein. Darum vollzog Luther zwanzig Jahre später eine Kurskorrektur. Vor allem in der Schrift *Von den Juden und ihren Lügen* von 1543 rief er zu einem Endkampf gegen die Juden auf. Polemisch bis ins Extrem aufgerüstet, klagte er die Juden an, unbelehrbar zu sein und Christus zu lästern. Er stellte sie als eine Gefahr für die christliche Gesellschaft dar und plädierte für ein massives Diskriminierungsprogramm bis hin zur Vertreibung aus protestantischen Städten und Territorien.

Vergleicht man Luthers Aussagen von 1523 und von 1543 muss man eine Kontinuität feststellen, nämlich die Überzeugung, dass es kein Judentum mehr geben darf, wenn man dem reformatorischen Verständnis der biblischen Botschaft von Jesus Christus folgt. Die Judenfreundlichkeit des jungen Luthers trug also schon den Keim seiner späteren Judenfeindschaft in sich.

Neben diesem theologischen Motiv war aber vor allem beim «späten Luther» noch ein anderer Faktor wirksam, nämlich die Feindschaft gegenüber den Juden als Menschengruppe. Diese zeigt sich zum Beispiel in folgender Episode: Kurz vor seinem Tod reiste Luther am 28. Januar 1546 nach Eisleben. Unterwegs erlitt er einen Herzinfarkt, der drei Wochen später zu seinem Tod führen sollte. In einem Brief an seine Frau schrieb er darüber: «Wir mussten durch ein Dorf kurz vor Eisleben, da viele Juden wohnen, vielleicht haben sie mich so hart angeblasen. Und wahr ist's, als ich durch das Dorf fuhr, ging mir ein solcher kalter Wind hinten zum Wagen hinein auf meinen Kopf, als wollte mir's das Hirn zu Eis machen. Solch's mag mir zum Schwindel verholfen haben.» Eine Angina Pectoris deutete Luther nicht als Begleiterscheinung eines Herzinfarkts, mit ausgelöst durch das Alter und die Schwäche seines fettleibigen Körpers, sondern als jüdischen Zauberangriff auf sein Leben. Die antijüdische Gräuelpropaganda, die er als junger Reformator noch zurückgewiesen hatte, teilte er jetzt und verbreitete sie öffentlich. So galt seine letzte Sorge der Vertreibung der Juden. Das war sein letztes politisches Anliegen: Die Juden seien Gotteslästerer, Feinde der Christen, Wucherer, Giftmischer und Zauberer – sie müssten fort. Hier äußerte sich nicht nur eine religiöse Abwertung oder die allgemeine voraufklärerische Auffassung, dass es in einem Staatsgebiet immer nur eine Religion geben könne. Vielmehr machte sich hier ein «vormoderner Antisemitismus» (Thomas Kaufmann) bemerkbar, ein Hass auf die Juden «an sich», der allerdings von einem modernen Rassismus noch weit entfernt war.

Vieles an Luthers antijudaistischer und antisemitischer Einstellung war zeittypisch. In der prinzipiellen Feindschaft gegen Juden gab es kaum Unterschiede zwischen Katholiken, Lutheranern oder Reformierten. Selbst ein Humanist wie Erasmus von Rotterdam lobte diejenigen Länder, die ihre Juden vertrieben hatten. Doch das Exzessive und Obsessive von Luthers antijüdischen Ausfällen sticht heraus. Hierfür kann man auch persönliche Umstände als Grund anführen. Gegen Ende seines Lebens hatte sich Luthers Charakter verändert. Die permanente Überforderung führte dazu, dass er chronisch krank wurde. Er war ein psychosomatisch kranker, alter Mann und wohl deshalb so empfänglich für Hassbotschaften und parareligiöse Zwangsvorstellungen, die ihm nicht zuletzt von seiner Frau Katharina vermittelt wurden. Kurz vor Abfassung seiner übelsten Judenschrift war seine besonders geliebte Tochter Magdalena mit nur dreizehn Jahren gestorben. Luther war untröstlich: «Tief im Herzen haften Blicke, Gesichtszüge, Worte, Gesten der lebenden und sterbenden, sehr gehorsamen und verehrtesten Tochter, dass selbst Christi Tod dies nicht ganz hinwegnehmen kann, wie es doch sollte.» Er fühlte sich seitdem wie innerlich abgetötet. Eine Entschuldigung ist das natürlich nicht.

Viele andere Reformatoren blieben bei der Haltung des frühen Luthers. Von den Schweizern Johannes Calvin oder Huldrych Zwingli sind vergleichbare Entgleisungen nicht überliefert. Der Nürnberger Reformator Andreas Osiander (1498 bis 1552), ein Kenner und Liebhaber der hebräischen Sprache und Mystik, der sich als einer der ganz wenigen seiner Zeit gegen die alte und neue christliche Judenfeindschaft wandte, hat sich sogar in einem auf Hebräisch abgefassten Schreiben an einen jüdischen Wissenschaftler von Luther distanziert. Zwinglis Nachfolger in Zürich, Heinrich

Bullinger (1504 bis 1575), gab zu Protokoll; man sollte es «Gottes gerechtem Urteil überlassen, dass ein so bedeutender Theologe in hohem Alter solche entsetzlichen Texte verfasst hatte».

Es wäre unhistorisch, würde man Luther in einem direkten Sinn für den modernen, rassistischen Antisemitismus sowie die Vernichtung des europäischen Judentums durch die Deutschen im 20. Jahrhundert verantwortlich machen. Teil der Vorgeschichte dieses Menschheitsverbrechens ist Luther aber sehr wohl.

IV. Zwingli und Zürich, Calvin und Genf

34. Warum hat die Reformation in der Schweiz mit einer Wurst begonnen? Am Abend des 9. März 1522, dem ersten Sonntag der Fastenzeit vor Ostern, kamen im Haus des Zürcher Druckers Christoph Froschauer genau zwölf Freunde zusammen. Sie setzten sich. Froschauer nahm ein Messer und zwei geräucherte Würste, schnitt sie auf und verteilte sie an seine Freunde. Die Freunde aßen die Wurststücke. Das war eine kleine Mahlzeit, eigentlich nur ein Happen, und dennoch eine große Tat. Denn die neuen Jünger der Reformation zeigten damit, dass die alten Ritualgebote für sie nicht mehr galten. Sie waren nun frei, auch in der Fastenzeit Fleisch zu essen – nicht weil sie so ungern auf diesen Genuss verzichtet hätten, sondern weil sie sich nicht mehr von kirchlichen Gesetzen binden lassen wollten. Fast erscheint dieses Wurstessen wie eine ernste Parodie des letzten Abendmahls Jesu: kein Sättigungsmahl, sondern eine Symbolspeisung. Es ging nicht um die «Wollust des Leibes» oder die «Sättigung des Bauches», sondern um die «Anzeigung der Freiheit», wie Huldrych Zwingli (1484 bis 1531) erklärte. Der Leutpriester am Großmünster war anwesend, aß selbst nicht mit – fast so wie Jesus, der Wein und Brot ausgeteilt, aber nicht selbst zu sich genommen hatte. Wollte Zwingli neutral bleiben, um desto eindeutiger von dieser Provokation berichten zu können? Denn was hier im Privaten geschah, wurde von ihm anschließend in Predigt und Flugschrift in die Öffentlichkeit getragen, um von der neuen Freiheit der Christenmenschen Zeugnis abzulegen.

35. Was unterscheidet Zwingli von Luther? Das Zürcher Wurstessen ist eine schöne Parallele zu Luthers Thesenanschlag. Und doch unterscheidet sich die Zürcher Reformation schon in ihrem Anfang von derjenigen Luthers. Zwingli war auf eigenen Wegen zu seinem Reformprogramm gekommen, vor allem durch den Einfluss von Erasmus. Dem Humanismus blieb er anders als Luther sein Leben lang treu. Er hatte keine mönchische Vergangenheit wie Luther und war vielleicht deshalb viel weniger an den Spannungen und Abgründen des religiösen Innenlebens interessiert als an den praktischen Problemen des kirchlichen und städtischen Lebens. Als beliebter Seelsorger und Prediger, als gebildeter Herr aus guter Familie, als gelehrter Humanist und engagierter Bürger wollte er ein erneuertes, einfaches, gereinigtes, dem biblischen Vorbild entsprechendes Christentum. Es ging ihm nicht darum, das Prinzip des religiösen Gesetzes überhaupt zu brechen, sondern darum, ein falsches durch ein richtiges, ein nur kirchliches durch das wahre Gesetz Gottes zu ersetzen. Nicht die Unterscheidung von Gesetz und Evangelium, sondern von Götzendienst und Gottesdienst war für ihn leitend.

Das lässt sich am unterschiedlichen Umgang mit den Zehn Geboten beispielhaft zeigen. Für Luther hatten sie keine wesentliche religiöse Bedeutung mehr. Jeder Christ sollte sich seine eigenen Gebote schreiben. Zwingli und die Schweizer Reformation insgesamt fühlten sich viel direkter an Gottes Weisungen gebunden und setzten sie auch konsequenter um. So nahmen sie das Verbot des Götzendienstes – «Du sollst dir kein Bildnis machen» – sehr ernst, hoben es deutlich heraus, indem sie es als zweites Gebot zählten, und entfernten folgerichtig alle religiösen Bildnisse, sogar das Kreuz aus ihren Kirchen. Luther dagegen, der das Bilderstürmen ablehnte, unterschlug in seiner Zählung dieses doch so bedeutsame Gebot, was dazu führte, dass er – um am Ende auch auf die Zahl 10 zu kommen – zwischen dem neunten und zehnten Gebot eine willkürliche Trennung vollzog («Du sollst nicht begehren deines Nächsten Haus» – «Du sollst nicht begehren deines Nächsten Weib, Knecht etc.»). Das ist eine Unsinnigkeit, die schon viele evangelisch-lutherische Konfirmanden beim Auswendiglernen irritiert hat, die aber auf einen grundsätzlich anderen Umgang mit dem göttlichen Gesetz hinweist.

Bezeichnend für die Zürcher Reformation ist zudem, dass sie nicht mit einem genuin religiösen Protest – gegen Fastengebote oder Ablassverkäufe – begann und dann erst sozusagen in einem zweiten Schritt politisch wurde. Noch vor dem Wurstessen protestierte Zwingli dagegen, dass arme junge Männer aus seiner Stadt für fremde Mächte Söldnerdienste leisten mussten und die einheimische Aristokratie davon profitierte. Aus seelsorgerlicher Verantwortung und aus moralischer Empörung kämpfte er gegen dieses «Reislaufen» («Reis» im Sinne von Kriegszug). Am Anfang der Zürcher Reformation steht also zugleich der Einsatz für religiöse Freiheit und für soziale Gerechtigkeit.

Wie eng Religion und Politik in der Zürcher Reformation verbunden waren, zeigt schließlich Zwinglis tragisches Ende. 1531 standen sich reformierte und altgläubige Kantone im Zweiten Kappeler Krieg gegenüber. Zwingli begrüßte diesen Waffengang, doch die Zürcher unterlagen, und ihr Reformator wurde gefangen genommen, verhöhnt, ermordet und geviertelt. Sein Leichnam wurde verbrannt und die Asche verstreut.

36. Wie wurden die Bürger an der Reformation beteiligt? Für die Umsetzung reformatorischer Ideen gab es keinen Masterplan. Von Ort zu Ort fielen die Entscheidungen sehr unterschiedlich aus – je nachdem, ob es sich um eine Stadt oder ein Fürstentum handelte, ob Luthers oder Zwinglis Einfluss stärker war oder welche lokalen Reformatoren mitbestimmten. Vorreiter waren die Städte. Hier wurde zuerst das Abendmahl in beiderlei Gestalt gereicht, die lateinische Messe abgeschafft, eine neue Kirchenordnung erlassen, die evangelische Predigt eingeführt. Hier wurden zuerst neue Prediger durch Gemeindewahl und Ratsbeschluss bestimmt. Besonders interessant ist dabei die Reformation in der Schweiz. Hier kam es vielerorts zu dem, was heute immer mehr verlangt wird: Bürgerbeteiligung und direkte Demokratie.

Um seine Vorstellungen durchzusetzen, wollte Zwingli nicht einfach die Obrigkeit entscheiden lassen – wie es bei den lutherischen Fürsten- und Königsreformationen in Sachsen oder etwa Schweden geschah. Vielmehr setzte er auf ein breites und transparentes Beteiligungsverfahren. In öffentlichen Podiumsgesprächen vor vielen Hunderten von Zuhörern sollten die jeweiligen Anführer ihre Argumente vorbringen, bevor der Rat entschied. Die Erste

Zürcher Disputation fand am 29. Januar 1523 statt. Für sie verfasste Zwingli «67 Artikel», über die diskutiert werden sollte, doch kam man noch zu keinem klaren Ergebnis. Es folgten erste Reformmaßnahmen, vor allem aber ein Bildersturm – gegen Zwinglis Willen. Die Zweite Zürcher Disputation fand vom 26. bis zum 28. Oktober statt und brachte die Entscheidung: Die Reformation wurde beschlossene Sache. Eine Dritte Zürcher Disputation im Jahr darauf führte zu weiteren Beschlüssen: In der Kirche sollte nichts mehr erlaubt sein, was nicht biblisch begründet war. Lang war deshalb die Liste der Dinge, die abgeschafft wurden: Orgel, Gesang, Altar, Prozessionen, Reliquien, Bilder und vieles mehr. Reliquien und Bilder wurden daraufhin ordentlich hinausgetragen und nicht «gestürmt». Die Reformation verwirklichte sich so als Konzentration auf das Wesentliche. Darüber hinaus wurde das gesamte städtische Leben neu gestaltet. Man errichtete die «Prophezei», eine Art evangelischer Akademie, die allen interessierten Bürgern die Möglichkeit bot, die Bibel – natürlich in der Zürcher Übersetzung – kennenzulernen. Weniger sympathisch wirkt die Einrichtung eines Ehe- und Sittengerichts. Die «Kirchenzucht», die Überwachung des moralischen Verhaltens der Bürger, wurde hier zu einer quasipolizeilichen Angelegenheit. Die Zürcher Reformation steht damit auch für eine neuartige Sozialdisziplinierung.

Disputationen als öffentliche Streitgespräche ebneten den Reformationen den Weg vor allem in den Städten. Selten wurden sie von Theologen veranstaltet, und wenn doch, dann verliefen sie in den festen Formen einer akademischen Disputation (so etwa in Breslau, Baden oder Bern). Weitaus häufiger wurde wie in Zürich ohne akademischen Rahmen unter Beteiligung von politischen Amtsträgern und anderen Bürgern diskutiert und dann abgestimmt. Man kann von regelrechten «Disputationsreformationen» sprechen, die sich bewusst oder unbewusst von Zwinglis Grundmodell inspirieren ließen. Sie durchzogen in den 1520er und 1530er Jahren den deutschsprachigen Raum: von Altenburg, Appenzell, Memmingen und Kaufbeuren, über Nürnberg und Homberg bis nach Osnabrück, Lüneburg, Hamburg und Lübeck.

37. Was hat der Protestantismus mit Protest zu tun? Das deutsche Wort «Protestantismus» leitet sich von einem lateinischen Rechtsterminus ab: Diejenigen Reichsstände, die 1529 auf dem Reichstag zu Speyer eine «protestatio», also einen Einspruch gegen frühere antireformatorische Beschlüsse, erhoben, wurden als «Protestanten» bezeichnet. Der Protest beschränkte sich aber nicht auf solche offiziellen Akte der reformationsfreundlichen Obrigkeiten. Es gab auch einen vielfältigen Protest von unten. Manches davon nahm mittelalterliche Vorbilder einer «verkehrten Welt» auf – man denke an die beliebten, chaotischen Kinderbischöfe oder die närrischen Zeiten. So wurden Karnevalsumzüge veranstaltet, allerdings in der Fastenzeit. Manches war komisch, dabei aber auch grob. Man veranstaltete «Papstjagden», oder Studenten verkleideten sich als Mönche und Nonnen und wurden mit Netzen wie bei einer Treibjagd durch die Stadt gehetzt. Weniger klamaukhaft waren die vielen gezielten Predigtstörungen. Man muss bedenken, dass dies damals erhebliche Ordnungswidrigkeiten und Störungen des öffentlichen Friedens waren.

Besonders problematisch erscheinen aus heutiger Perspektive die Angriffe auf Reliquien, religiöse Bilder und Orgeln. In gewaltsamen Tumulten wurden diese heiligen Gegenstände, die so eng mit der alten Kirche verbunden waren und sich nicht mit der neuen Frömmigkeit verbinden ließen, zerstört. Luther hat dies nicht gebilligt, denn er sah darin eine ungerechtfertigte Gewaltsamkeit und wollte die Bilder und Orgeln, wo sie nicht störten, gern stehen lassen. (Nur von den Reliquien hielt er ebenfalls nichts.) Er verstand seine Reformation eben eher als eine Reform denn als eine Revolution. Die Reformierten unter Zwingli waren hier entschiedener und konsequenter. Von heute aus mag man bedauern, dass so viele Kunstgegenstände verloren gegangen sind. Man sollte aber bedenken, dass damals Bilder keine bloßen Kunstwerke, sondern religiöse und politische Machtzeichen waren. Wer von der alten Kirche frei sein wollte, musste auch ihre Bilder loswerden.

38. Wie viele Menschen wurden durch die Religionskämpfe zu Flüchtlingen? Eine der großen Sorgen der Gegenwart gilt den ungezählten Flüchtlingen fast überall auf der Welt. Sehr viele von ihnen zieht es nicht aus ihrer Armut fort in erträumte Wirtschaftswunderländer, sondern sie fliehen vor Gewalt, Krieg, Mord, Verfolgung. Nicht wenige werden auch wegen ihres Glaubens vertrieben. Die Sorge um diese Menschen ist nicht nur eine politische und soziale Herausforderung, nicht nur eine individuelle und kollektive Gewissensfrage, sie hat auch eine historische Dimension. Wer die Bilder von heutigen Flüchtlingen sieht, ihre Geschichten hört oder einigen von ihnen sogar persönlich begegnet, könnte sich dabei an die Flüchtlingsgeschichten seiner eigenen Familie, seines Volkes, seiner Glaubensgemeinschaft erinnert fühlen. Das würde ihm deutlich machen, dass das Flüchtling-Sein nicht bloß ein Schicksal wildfremder Menschen ist, sondern mit ihm selbst zu tun hat. Sehr direkt ist dies der Fall, wenn man sich als Deutscher an die Millionen Flüchtlinge erinnert, die nach dem Zweiten Weltkrieg aus Ost- und Südosteuropa nach Westdeutschland kamen, dort angesiedelt sowie mit dem Nötigsten versorgt wurden und die doch – obwohl sie Deutsche waren – lange Fremde blieben. In vielen Familien dauerte es zwei Generationen, bis sie in ihrer neuen Heimat wirklich angekommen waren.

Weniger bekannt ist, dass auch der Protestantismus eine lange Flüchtlingsgeschichte hat, die ihn tief prägte. Besonders in lutherischen Gegenden ist dies kaum mehr bewusst. Denn unter dem Schutz ihrer evangelischen Obrigkeiten konnten die Lutheraner mit ihrer neuen Konfession in ihrer Heimat bleiben – allerdings nur in ihr. Der Schutz, den sie zu Hause erfuhren, war auch eine Beschränkung, weshalb das Luthertum insgesamt eine recht provinzielle Angelegenheit geblieben ist. Ganz anders war dies bei den radikalen Kräften der Reformation, die vertrieben wurden und später vor allem in Nordamerika Wurzeln geschlagen haben. Sehr anders war es aber auch bei der zweiten großen Kraft der Mainstream-Reformation, den «Reformierten». Ihr Protestantismus war von Grund auf eine Angelegenheit von Flüchtlingen und Heimatlosen.

Der Augsburger Religionsfriede von 1555 brachte für Deutschland insofern einen enormen Fortschritt, als er all denen, die dem Glauben ihrer Landesherren nicht angehören wollten, die Möglichkeit eröffnete, ohne Schaden und Schande mit ihren Familien in ein Territorium ihrer Wahl auszuwandern, in dem der eigene Glaube Staatsreligion war. Das war eine bisher unbekannte Freiheit. Man wurde für seinen Glauben nicht mehr unterdrückt, gefoltert oder ermordet, sondern man konnte weggehen. Viele Protestanten nutzten diese Freiheit, denn ihre Überzeugung war ihnen so wichtig, dass sie die Nachteile einer Auswanderung bewusst in Kauf nahmen. Für andere Protestanten in Europa jedoch war es keine freie Entscheidung, sondern Angst um ihr Leben, die sie zur Emigration zwang. Und man bedenke, was eine Auswanderung in der damaligen, sehr viel immobileren, weniger globalisierten Zeit bedeutete: Man gab fast alles auf, den Besitz, den gesellschaftlichen Rang, die soziale Sicherheit in der Familie, in der Nachbarschaft im Dorf oder in der Stadt, die kulturelle Vertrautheit; nie würde man zurückkehren, fortan würde man ein Fremder sein und bleiben. Dennoch gingen sehr viele diesen Weg, um ihr Leben und ihren Glauben zu retten. Im 16. Jahrhundert waren es vor allem Calvinisten aus Holland – man schätzt 150 000 Menschen – und Frankreich, aber auch Waldenser aus Italien sowie Täufer aus fast allen Teilen Europas, die sich auf die Flucht machten. Es gab auch lutherische und katholische Flüchtlinge, aber im Vergleich zu den reformierten waren es wenige. Im 17. Jahrhundert flüchteten hauptsächlich Hugenotten aus Frankreich. Viele von ihnen waren im Kurfürstentum Brandenburg willkommen und prägten Berlin nachhaltig. Reformierte, Lutheraner und Böhmische Brüder flohen aus Österreich und Böhmen – wieder geht man von 150 000 Menschen aus – sowie Puritaner aus England. Letztere flohen vor allem in die britischen Kolonien in Nordamerika, wo der Puritanismus zur bestimmenden Glaubensrichtung wurde. Im 18. Jahrhundert schließlich flohen in großer Zahl die Lutheraner aus Salzburg.

Es ist schwierig, für die damalige Zeit genauere Zahlen zu ermitteln, aber es waren sehr viele Menschen. Diese massenhaften

Fluchtgeschichten sollten vor allem den reformierten und den radikalen Protestantismus prägen. Zum ersten Mal machten Christen in großer Zahl eine bittere Erfahrung, die bisher den Juden vorbehalten war! Sie mussten die Heimat verlassen, sich in eine völlig ungesicherte Zukunft aufmachen; selbst im Glücksfall einer heilen Ankunft würden sie in vielen Gegenden immer misstrauisch beäugte Fremde bleiben. Umso wichtiger wurde für sie der innere Zusammenhalt – religiös, moralisch und sozial. Den Calvinisten half ein europaweites, festes Netz aus Fluchtwegen, Zwischenunterkünften, Untergrundkirchen und aufnehmenden Gemeinden. Zudem verpflichteten sie sich, für flüchtende Glaubensgenossen zu spenden und ihnen tatkräftig zu helfen. Die beeindruckende Diakonie der Reformierten ist eine direkte Folge der Flucht.

39. Warum musste Calvin fliehen?

Wie sehr die Flüchtlingsexistenz den Protestantismus bestimmte, lässt sich bei keinem anderen so gut veranschaulichen wie bei Jean Calvin (1509 bis 1564). Geboren wurde er in Noyon, einer Kleinstadt in Nordfrankreich. Er empfing eine humanistische Bildung, studierte Jura, erlebte unter dem Einfluss Luthers eine Bekehrung, vertiefte sie in theologischen Studien und stand dann vor der Alternative «Martyrium oder Exil». Er verließ Frankreich, ging 1536 zunächst nach Straßburg, dann nach Genf. Beide Städte lagen in größtmöglicher Nähe zur alten Heimat – räumlich, sprachlich, kulturell. In Genf sollte er fast seine ganze restliche Lebenszeit verbringen, ohne je wirklich heimisch zu werden.

Ursprünglich wollte er dort nur eine Nacht verbringen, aber der erste Reformator Genfs, Guillaume Farel (1489 bis 1565), hatte etwas mit ihm vor: «Farel, der mit außerordentlichem Eifer für die Ausbreitung des Evangeliums stritt, setzte Himmel und Hölle in Bewegung, um mich zum Bleiben zu bewegen. Und als er gewahr wurde, dass mein Sinn danach stand, mich ganz privaten Studien zu widmen, weshalb ich mich frei von Verpflichtungen zu halten wünschte, schlug er eine andere Taktik ein: er überschüttete mich mit Vorwürfen und verkündete, dass Gott meine Muße und die Ruhe der Studien, die ich suchte, verfluchen würde, wenn ich mich so feige davonstehlen und meine Hilfe in einer so dringenden Not verweigern sollte. Dieser Fluch erschreckte mich so sehr, dass ich davon Abstand nahm, die begonnene Reise fortzusetzen.»

Gern hätte Calvin als stiller Gelehrter gelebt, aber er ließ sich in die Pflicht nehmen, um die neue Lehre in der fremden Stadt durchzusetzen. Er tat dies mit militärischem Pflichtbewusstsein und einer Gewissheit, die durch seine Emigration nicht geschwächt, sondern gestärkt worden war: bereit, an dem Ort zu wirken, an den Gott ihn geführt hatte, dem eigenen Glauben eine neue Heimat zu schaffen. Dafür brachte er hilfreiche Eigenschaften mit: eine aufrichtige Frömmigkeit, die strikte Unterordnung unter die Majestät Gottes, einen selbstverständlichen Glaubensgehorsam sowie die unangefochtene Gewissheit, erwählt zu sein, zudem große Gelehrsamkeit, aber auch politische Klugheit, gedankliche Stringenz und kirchenpolitischen Ordnungssinn. Damit kam er in eine aufgewühlte Stadt. Neben der äußeren Bedrohung durch feindliche Nachbarn und die Papstkirche traten innere Streitigkeiten, vor allem der Konflikt zwischen Einheimischen und Einwanderern. 1530 sollen in Genf mehr Fremde als Einheimische gelebt haben. Vor allem die Pastorenschaft bestand mit großer Mehrheit aus französischen Flüchtlingen. Diese waren meist nur geduldet, hatten kein Bürgerrecht oder konnten es nur unter Mühen erhalten. Calvin selbst wurde erst vier Jahre vor seinem Tod Bürger der Stadt, die er als geistliches Oberhaupt führte. Zugleich bildeten die Einwanderer aus Frankreich eine religiöse und kulturelle Gegen-Elite, die nicht unauffällig im Hintergrund bleiben wollte, sondern nach der Meinungsführerschaft strebte. Das löste Widerstand aus. Die jugendlichen Angehörigen der alten Familien sammelten sich unter dem Namen «Kinder Genfs» und zogen unter Parolen wie «Schützt unsere Stadt vor den fremden Herren!» oder «Franzosen raus!» lärmend und gewalttätig durch die Straßen. Die Angst vor Überfremdung wurde vom Establishment gezielt geschürt, um seine alten Sitten und Privilegien zu schützen. Fremdenfeindlich-

keit war schon damals das Erste, was den protestantischen Flüchtlingen - selbst in reformierten Städten - begegnete.

Dank Farels Wirken wurde die Reformation 1535 in Genf durchgesetzt. Am 15. August dieses Jahres wurde zum letzten Mal eine katholische Messe gelesen. Doch gab es weiterhin Gegenkräfte gegen
die neue Lehre und Ordnung. Traditionstreue Frauen opponierten,
vor allem aber die bisherige Oberschicht. Ihr gelang es, Calvin 1538
aus der Stadt zu vertreiben; allerdings kehrte er drei Jahre später
zurück, um nun seine Ordnungsvorstellung sehr bestimmt durchzusetzen. Ihm gelang nach unendlichen Mühen, was Einwanderern
höchst selten gelingt, nämlich die neue Heimat nach eigenen, aus
der Fremde mitgebrachten Vorstellungen umzugestalten. Dazu
musste er als Fremder besonders massive Widerstände überwinden.
Andererseits fühlte er sich als Nicht-Genfer nicht an örtliche
Gepflogenheiten, an vertraute Sitten und Machtverhältnisse gebunden, konnte seine Reformation also ohne innere Hemmungen
als regelrechte Kulturrevolution umsetzen.

40. War Calvin ein Tugend-Tyrann? Calvins neue Kirche sollte
eine Kirche für das Volk sein, also die ganze Stadt umgreifen und
nicht nur eine kleine Schar von besonders Überzeugten wie bei den
Täufern. Sein Programm war hierin lutherischen und zwinglianis-
chen Vorbildern verpflichtet. Deshalb befürwortete Calvin die
Kindertaufe. Andererseits gab er seiner Kirche ein schärferes Profil,
was auch mit seiner Flüchtlingsexistenz zu tun hatte. Das Ideal
eines Lebens nach den Maßstäben des Evangeliums sollte schon in
der Organisation der Kirche zum Ausdruck kommen. Das zeigt
sich besonders markant in der sogenannten «Kirchenzucht».

Worum ging es dabei? Zusätzlich zu dem Zwang, sich zu bestimmten Glaubenssätzen zu bekennen, schnürte Calvin für die
Genfer ein umfangreiches Paket an sittlichen Regeln, die einzu-
halten waren. Vieles, was bisher als unschuldiges Vergnügen ge-
golten hatte, wurde nun verboten: das Singen weltlicher Lieder,
übermäßiger Alkoholkonsum, Tanz und Kartenspiel, natürlich
außereheliche Liebesbeziehungen und abweichende Sexualprak-

tiken. Wer dieser Laster überführt wurde, wurde zur Strafe öffentlich gedemütigt und aus der kirchlichen Gemeinschaft ausgeschlossen. Er durfte nicht mehr am Abendmahl teilnehmen (das ohnehin nur noch vier Mal im Jahr nach eingehender Prüfung der Gemeinde gefeiert wurde). Auch wer seinen Kindern falsche Taufnamen gab, nämlich den Namen eines oder einer Heiligen, wurde bestraft, denn das galt als Indiz für katholischen Götzendienst, auch wenn diese Namen zur Familientradition gehörten. Wozu sollte dieses unsympathische Moralregiment gut sein?

Eine gewisse Lebensdisziplin kann gerade für Notleidende eine Art Sozialhilfe sein. Wenn Männer einer regelmäßigen Arbeit nachgehen und ihren kargen Lohn nicht vertrinken oder verspielen, ist das für Kinder und Frauen ein Segen. Übrigens richtete sich die Kirchenzucht auch gegen häusliche Gewalt und eskalierende Familienstreitigkeiten. Wer eine Ahnung vom Nutzen einer wenn auch scharf aufgezwungenen protestantischen Sozialdisziplin gewinnen will, muss heute nur auf die südliche Erdhalbkugel schauen. Der Erfolg der evangelikalen und pfingstlerischen Gemeinden hat auch dies zum Grund: In ihnen lernen die Gläubigen in den Elendsgebieten, fleißig zu arbeiten, den Lohn zu sparen, Drogen zu meiden, sich von kriminellen Banden fernzuhalten und für ihre Familien zu sorgen. So kann das glaubhaft überlieferte Gebet einer heiratswilligen Chilenin bloß kurz für Verblüffung sorgen: «Oh Herr, schicke mir einen Protestanten, selbst wenn er nur Müllmann ist.»

Noch in einer anderen Hinsicht war die Kirchenzucht auch ein soziales Vorhaben. Sie richtete sich vornehmlich gegen die Ausschweifungen der Reichen, die in der engen Stadtwelt von damals besonders auffallen und anstößig wirken mussten. Aber natürlich war die kirchliche Züchtigung von ausgelassen feiernden jungen Männern aus den alten Familien auch ein politisches Mittel im Machtkampf der Immigranten gegen das einheimische Establishment.

Vor allem aber diente die Kirchenzucht religiösen Zwecken. Die in Genf stets umstrittene und bedrohte Reformation musste sich beweisen. Sie musste zeigen, dass sie eine bessere Stadt bauen konnte, dass mit ihrer Hilfe das Gemeinwesen eine höhere Stufe erreichte. Sie musste die vielfältigen Abwertungsversuche und Verleumdungen durch altgläubige Gegner durch weithin leuchtende Vorbildlichkeit widerlegen. Sie musste den moralischen Wettbewerb gegen die in ihren Augen korrupte Papstkirche gewinnen. Besonders traf dies auf reformierte Gemeinden zu, die sich in feindlichen Gebieten gehalten hatten. Sie durften sich keine Blöße, nicht den geringsten Anlass für üble Nachrede geben. Durch verschärfte Selbstkontrolle und moralischen Gruppendruck mussten sie die Integrität und Identität der eigenen Glaubensgruppe bewahren. Da sie Konflikte nicht vor weltlichen Gerichten klären konnten, mussten sie diese intern lösen. Als Minderheitsgemeinde und Flüchtlingskonfession konnte der Calvinismus gar nicht anders, als Kirchenzucht zu üben. Die Gemeinden der sephardischen, aus Spanien vertriebenen Juden, die in einer ähnlichen Lage waren, hielten es ganz genauso. Wer in der Kirchenzucht nur ein Mittel der Unterdrückung sieht, hat nicht verstanden, wie eng sie mit dem Flüchtlingsschicksal verknüpft war.

Das erste Objekt der Kirchenzucht in Genf war übrigens die Pastorenschaft. Calvin musste darauf bedacht sein, ein möglichst diszipliniertes, eingeschworenes und verlässliches Kollegium aufzubauen. Deshalb verstieß er unsichere Amtsträger und Kandidaten. Besonders gut gelang dies, wenn er ihnen «Unzucht» nachweisen konnte. Das zweite Objekt der Kirchenzucht waren die alten Eliten. So nutzte er einen skandalösen Vorfall für seine Zwecke: Ein Dutzend der «Kinder Genfs» war abends betrunken durch die Stadt gezogen, mit Kerzen in der Hand hatten sie eine Prozession parodiert, wobei sie nach der Melodie des Chorals «Erhebe dein Herz, öffne die Ohren» gesungen hatten: «Hebe den Hintern, mach die Beine breit». Calvin reagierte mit einer Säuberung der Stadt: Viele Gegner wurden verbannt, nicht wenige verließen freiwillig die Stadt. Das war politisch geschickt und erfolgreich, aber menschlich problematisch.

Die Kirchenzucht wurde ein fatales Markenzeichen des Calvinismus. Späteren Zeiten erschien sie geradezu als Versuch, eine «Tyrannei der Tugend» aufzurichten. In der Tat verstieß das Bemühen, die Bevölkerung mit geistlichem und weltlichem Zwang zu einem besseren Leben zu nötigen, gegen Grundgedanken evangelischer Freiheit. Betrachtet man die Kirchenzucht jedoch unter der Perspektive «Flüchtlingskonfession», dann wird man über sie sehr viel vorsichtiger urteilen oder sich sogar eines Urteils enthalten – was meist noch besser ist.

41. War Calvin tolerant? Calvin wird einer der großen Sündenfälle der Reformation zur Last gelegt. Der spanische Humanist Michel Servet (1511 bis 1553) hatte in einem klugen Buch öffentlich die Trinitätslehre in Frage gestellt. Daraufhin wurde er europaweit zur Fahndung ausgeschrieben. Zu seinem Unglück kam er zu einem besonders ungünstigen Zeitpunkt nach Genf. Dort wurde er sogleich verhaftet und verurteilt. Es war ein politischer, kein kirchlicher Prozess. Das Urteil fällte der Kleine Rat, nicht das Konsistorium. Die Anklage lautete, dass er mit seinen Lehren die staatliche Ordnung gefährde. Dafür wäre er in jedem Land Europas – egal ob katholisch, lutherisch oder reformiert – hingerichtet worden. Auch Calvin votierte für die Todesstrafe, obwohl er empfahl, statt der besonders grausamen Verbrennung eine andere Art der Hinrichtung zu wählen. Doch er konnte sich nicht durchsetzen. Am 27. Oktober 1553 wurde Servet auf dem Scheiterhaufen verbrannt.

Man kann dies historisch auf vielerlei Weise einordnen, den Schrecken relativieren und Calvin entlasten, aber es bleibt ein Verbrechen gegen die Menschlichkeit. Aus guten Gründen kamen Ketzerverbrennungen in evangelischen Gebieten nicht vor – anders als in katholischen Territorien, wo sie als wirkungsvolles Instrument der Unterdrückung und Einschüchterung eingesetzt wurden. Warum hatte Calvin, der sich doch ansonsten so konsequent von der Papstkirche abgrenzte, dies hier nicht getan? Wie konnte er, der doch eigene Erfahrungen mit religiöser Verfolgung hatte sammeln müssen, selbst zum Verfolger werden?

Damals wurde Servet wie selbstverständlich getötet, heute gilt er zu Recht als Märtyrer der Toleranz. Sein Plädoyer für Glaubensfreiheit ist von einer solch schlichten Menschlichkeit – dabei aber auch biblisch begründet –, dass sich ihm kein vernünftiger und religiös sensibler Mensch verschließen kann: «Ich sage mit aller Bescheidenheit, dass es eine neue, den Aposteln und Jüngern der Urkirche unbekannte Erfindung ist, einen Menschen wegen der Auslegung der Heiligen Schrift und damit zusammenhängender Fragen strafrechtlich zu verfolgen.» Und sein postumer Verteidiger, der Humanist Sebastian Castellio (1515 bis 1563), widerlegte alle Versuche, eine katholische oder evangelische Inquisition zu rechtfertigen, mit dem einfachen Satz: «Einen Menschen zu töten heißt nicht, eine Doktrin zu verteidigen, sondern einen Menschen zu töten.»

42. Warum wurde Genf und nicht Wittenberg zur Welthauptstadt der Reformation? Es wäre falsch, aus Calvins Mitschuld an der Ketzerverbrennung des Humanisten Michel Servet zu schließen, dass Genf eine Diktatur gewesen wäre. Dann wäre nicht zu erklären, warum es eine solche Strahlkraft entfalten konnte. Das lag sicherlich an der stringenten, intellektuell anspruchsvollen Theologie Calvins, an der religiös-moralischen Vorbildlichkeit dieser städtischen Religionskultur, aber auch an der Modernität der reformierten Kirche. Sie war weitgehend unabhängig von der weltlichen Obrigkeit und für damalige Verhältnisse «demokratisch», da hier Laienchristen über die Presbyterien ihrer Gemeinden und die Synoden erheblichen Einfluss ausübten, die Kirchenpolitik also nicht dem neuen Klerus überließen. Es hat Jahrhunderte gedauert, bis die lutherischen Landeskirchen diese Prinzipien übernahmen. Und schließlich besaßen die calvinistischen Kirchen ein eigenes Sozialwesen, was ja nicht nur wegen der vielen Flüchtlinge nötig war.

Während Wittenberg nach Luthers Tod in sein provinzielles Dämmerdasein zurückfiel, wurde Genf zum Magneten und Fluchtpunkt für anspruchsvolle Protestanten aus ganz Europa. Calvin war als Flüchtling immer ein Internationalist. Überall hatte er Glaubens- und Leidensgenossen, mit denen er in intensivem Austausch stand. Brieflich nahm er an den reformatorischen Bemühungen in fernen Ländern Anteil, unterstützte diese aber nicht nur mit schriftlichen Ratschlägen, sondern vor allem dadurch, dass er die in Genf besonders gut ausgebildeten Prediger, eine überall einsetzbare pastorale Elitetruppe, aussandte. Dabei war er jedoch – anders etwa als Ignatius von Loyola – kein religiöser Militarist. Seine Reformation sollte sich nicht durch Gewalt, Zwang oder blinden Gehorsam durchsetzen, sondern durch ein klares und überzeugendes Bekenntnis, durch das lebendige Zeugnis einer besseren Kirche. Bei aller Entschiedenheit, die ihn davon abhielt, vor seinen Feinden zurückzuweichen oder falsche Kompromisse einzugehen, blieb er in Ton und Umgang deutlich verbindlicher als etwa Luther. Gerade gegenüber den höchst feindseligen Lutheranern blieb er erstaunlich gesprächsbereit.

43. Warum hat Calvin kein ordentliches Grab erhalten? Ein Flüchtling ist wie ein Mensch, dem man seinen Schatten gestohlen hat. Selbst wenn er einen neuen Ort gefunden hat, an dem er sicher lebt, sein Auskommen findet, Freunde gewinnt, Erfolg hat, fehlt ihm etwas Wesentliches, eine Dimension seines Menschseins. Das ist schwer zu beschreiben: Es fehlt ihm eine Urvertrautheit mit Straßen und Gassen, ein bestimmter Blick in die Landschaft und den Himmel, eine Wärme, ein altbekannter Geruch, der Klang eines Dialekts, das unzerschnittene Band zurück zur eigenen Kindheit. Er hat keinen Ort mehr, auf den er seinen Schatten werfen könnte. Calvin war wie ein Mann ohne Schatten. Diese Unbehaustheit als Flüchtling zeigt sich auch daran, dass er kein privates Leben besaß. Seine Kinder starben alle im Säuglingsalter. Als dann auch noch seine Ehefrau starb, hatte er nur noch sein Amt. Man hat Calvin später oft als einen kalten, elitären, rigorosen, aristokratisch-asketischen Berufsmenschen charakterisiert, ihm mangelnde Volkstümlichkeit zum Vorwurf gemacht und zum Vergleich auf den vermeintlich so viel entspannteren, umgänglicheren, fröhlicheren, liebevolleren Luther verwiesen. Aber abgesehen davon, ob diese Charakterisierungen überhaupt stimmen, sollte man auch hier bedenken, dass Luther in einem von seiner Ehefrau Katharina geführten und ihren gemeinsamen Kindern bevölkerten Zuhause (also einer Heimat nicht nur im geographischen Sinne) lebte, während Calvin ein Flüchtling war und blieb. Wie sollte er da volkstümlich werden? Ein Fremder blieb Calvin in Genf über den Tod hinaus. Nachdem er am 27. Mai 1564 in Genf verstorben war, wurde er am folgenden Tag ohne Pomp beigesetzt. Auf seinen eigenen Wunsch wurde auf einen Grabstein verzichtet, so dass heute keiner sagen kann, wo genau auf dem Genfer Cimetière des Rois Calvin begraben liegt. Das war nicht nur seiner Bescheidenheit geschuldet und dem Wunsch, eine postume Verehrung zu vermeiden. Es war auch ein letztes Zeugnis seiner Heimatlosigkeit.

44. Bilden Lutheraner und Calvinisten eine gemeinsame Konfession oder zwei getrennte? Über lange Zeit waren Lutheraner und Calvinisten fast noch schlimmer miteinander verfeindet als die Protestanten insgesamt mit den Katholiken. Zumeist werden theologische Gründe dafür vorgebracht, zum Beispiel die unterschiedlichen Lehren über das Abendmahl oder die Prädestination, also die Vorstellung, dass Gott schon vor Ewigkeiten bestimmt habe, welche Menschen das Heil empfangen werden und welche nicht. Doch wichtiger waren natürlich handfeste politische Unterschiede, vor allem aber, dass Lutheraner und Calvinisten ganz unterschiedliche Geschichten erlebt hatten. Die Calvinisten waren anders als die Lutheraner zum großen Teil Glaubensflüchtlinge. Von hier aus erklären sich viele Eigenheiten in der Ethik – wie die Kirchenzucht – oder der Theologie, zusammengefasst in der eigentümlichen Nähe der Calvinisten zum Alten Testament und zum Israel des Alten Bundes. Wie die Israeliten im Sklavenhaus von Ägypten unterdrückt wurden, ihnen ein geheimnisvoller Retter geboren wurde, Gott sich ihm und später auch ihnen offenbarte, sie mit Macht und Wundern befreit wurden, sie in der Wüste ein Gesetz empfingen und einen Bund mit Gott eingingen, um dann das Ge-

lobte Land zu betreten – so waren auch die Calvinisten Ausge-
zogene und Auserwählte: Aus dem Sklavenhaus der katholischen
Unterdrückung waren sie geflohen, hatten nur Leib und Leben ge-
rettet, lange ihre Gottesdienste in der «Wüste» der Heimatlosigkeit
feiern müssen, aber ein Gesetz von Gott empfangen, dem sie unbedingten Gehorsam entgegenbrachten. Sie verstanden sich nun als
Gottes auserwähltes Volk, dem ein Gelobtes Land – am Ende für
viele in Nordamerika – versprochen worden war. Die Strenge der
religiösen und moralischen Ausrichtung, die Klarheit von Bekenntnis und Lebensführung, die Geschlossenheit ihrer Gemeinschaft –
das alles wird vor dem Hintergrund der Flüchtlingsgeschichte
nachvollziehbar. Und all dies hat den Lutheranern gefehlt. Sie
waren wie die Katholiken zu Hause geblieben und hatten ihre
Reformation dort vergleichsweise entspannt einrichten können.
Was ihre Lebensführung und ihre Mentalität anging, waren die
Lutheraner den Katholiken und die Calvinisten den aus Spanien
geflohenen sephardischen Juden näher als sie einander, obwohl sie
doch theologisch viel mehr verband. In Deutschland und in anderen Ländern bildeten Reformierte und Lutheraner trotz ihrer
reformatorischen Gemeinsamkeiten auch rechtlich unterschiedliche Konfessionen, obwohl sie eigentlich vor allem zwei sehr verschiedene Schicksalsgemeinschaften waren.

Die Spaltung der Protestanten in Lutheraner und Calvinisten,
neben denen noch weitere kleinere Kirchen und Konfessionen entstanden, hat lange und fatal gewirkt. Nach der Neuordnung Europas auf dem Wiener Kongress verordnete der preußische König
Friedrich Wilhelm III. 1817 die Vereinigung von Calvinisten und
Lutheranern in Preußen, zumindest auf Verwaltungsebene, denn
die Gemeinden behielten ihr reformiertes oder lutherisches Bekenntnis. Doch letztlich entstand damit in Deutschland nur eine
dritte protestantische Konfession: die Union. Diese Spaltung ist
inzwischen weitgehend überwunden. In Deutschland gibt es zwar
immer noch nebeneinander lutherische, reformierte und unierte
Landeskirchen, doch sie sind seit 1948 in der Evangelischen Kirche
in Deutschland (EKD) verbunden. Mit der Leuenberger Konkordie

schlossen sich 1973 fast alle lutherischen, reformierten und methodistischen Kirchen Europas zusammen.

45. Warum wurde ausgerechnet das Abendmahl zum Symbol der Kirchenspaltungen?

Es gehört zur besonderen Tragik des Christentums im Allgemeinen und des Protestantismus im Besonderen, dass das Abendmahl als Symbol der Einheit zum Sinnbild der Entzweiung wurde. In der Nacht vor seiner Hinrichtung hatte Jesus seine Jünger zu einem letzten Abendmahl versammelt, um seine Gemeinschaft mit ihnen über seinen bevorstehenden Tod hinaus zu bekräftigen. Um diese Gemeinschaft zu erneuern, feierten die ersten Christen dieses Mahl wieder und wieder.

Im Jahrhundert der Reformatoren wurde das Abendmahl zum Inbegriff der Entfremdung. Alt- und Neugläubige schlossen einander von der gemeinsamen Feier aus, denn für die Katholiken war die zentrale Stellung des Priesters, die die Protestanten bestritten, die Voraussetzung für eine richtige Feier. Der Priester teilt das Brot aus, aber aus dem Kelch zu trinken ist ihm allein vorbehalten. Die Protestanten dagegen feierten das Abendmahl nun – als Zeichen der Gleichrangigkeit von Pastoren und Laien – «in beiderlei Gestalt», teilten den Gläubigen also nicht nur Brot, sondern auch Wein aus. Doch auch die Protestanten zerstritten sich untereinander in der Deutung dieses Sakraments. Luther war unbedingt daran gelegen, Brot und Wein in ihrer Dinglichkeit als Gestalten der Gegenwart Christi anzuerkennen. Das Brot *ist* für ihn der Leib Christi. Sein Abendmahlsverständnis scheint darin dem katholischen näherzustehen. Zwingli und Calvin sahen in ihnen eher *Zeichen* für Christus. Das Brot symbolisiert den Leib Christi. Verschiedene Vermittlungsversuche und theologische Diskussionen brachten keine Einigung in dieser verworrenen Angelegenheit. Die Gründe für diese Debatte sind heute nur noch für Dogmengeschichtler nachvollziehbar und interessant. Damals bedeutete der unversöhnliche Abendmahlsstreit eine fatale Schwächung des Protestantismus. Inzwischen ist er von den reformierten, unierten und lutherischen Kirchen offiziell zu den Akten gelegt worden.

V. Revolutionäre Reformatoren

46. Wer waren die Schwärmer? Es gab nicht nur die großen und am Ende erfolgreichen Konfessionsgründer wie Luther, Zwingli oder Calvin. Mit und neben ihnen, später auch gegen sie, waren viele Personen wirksam, die deutlich radikalere – oder je nach Standpunkt: konsequentere – Auffassungen vertraten. Da sie auch untereinander große Unterschiede aufweisen, ist es schwer, sie unter einem Begriff zusammenzufassen. Mal nannte man sie «Schwärmer», weil viele von ihnen eine enthusiastische, manchmal auch exzessive Frömmigkeit pflegten. Sie lebten in dem Glauben, den Heiligen Geist unmittelbar empfangen zu haben. Manche fühlten sich so «geistesgegenwärtig», dass sie dem Wort der Bibel eine geringere Bedeutung zusprachen als die Mehrheitsreformatoren. In manchem erinnern sie an die «Pfingstler» des 20. und 21. Jahrhunderts, die am schnellsten wachsende christliche Denomination der Gegenwart. Aber «Schwärmer» ist eine abwertende Etikettierung, die ausblendet, dass es sich hier durchaus um ernst zu nehmende Theologen handelte. Mal nannte man sie «Wiedertäufer», weil die meisten von ihnen die Kindertaufe ablehnten und forderten, dass die wahrhaftigen Gläubigen sich als Erwachsene und aufgrund einer eigenen Entscheidung taufen lassen sollten. Doch auch dieser Begriff ist herabsetzend gemeint und reduziert die so Benannten auf nur ein signalhaftes Merkmal. Mal nannte man sie den «linken Flügel der Reformation», aber dies ist zu sehr am politischen Links-Rechts-Schema des 20. Jahrhunderts orientiert und führte dazu, dass man eine zu große Nähe zu den späteren Revolutionsbewegungen konstruierte.

Bei den radikalen Kräften der Reformationszeit handelte es sich bei aller Vielfalt um eine neue und eigenständige Gestalt des Christentums: Der Glaube soll eine innere Erfahrung sein, alle kirchliche Lehre und Regulierung verliert demgegenüber an Bedeutung; dieser eigene Glaube soll in einer eindeutigen Lebensführung Gestalt annehmen, wobei die Gebote der Bergpredigt Jesu unbedingt zu befolgen sind; dazu gehört, dass die wahrhaft Glaubenden eine selbständige Gemeinde bilden, die sich von der Mehrheitskirche und der Mehrheitsgesellschaft löst; sichtbares Zeichen dafür sind die Erwachsenentaufe und die Verweigerung des Eides. Diese Grundvorstellungen konnten je nach Charakter, Gruppendynamik und politischem Umfeld sehr unterschiedlich ausgeformt werden: militant oder friedlich, laut oder still, exaltiert oder einfach, apokalyptisch oder mystisch, freizügig oder sittenstreng, sozialreformerisch oder konservativ. Ebenso wie bei den Mehrheitsreformatoren wird auch in der Beurteilung dieser Radikalen darüber gestritten, ob sie mehr zur Neuzeit oder eher noch zum Mittelalter gehören. Das ist ein Streit, der sich nicht lösen lässt. In manchen Aspekten – dem eindeutigen Individualismus, dem Freiheitsstreben, dem Gewaltverzicht – wirken sie «modern». In anderen – der unbedingten Frömmigkeit, der kompromisslosen Distanz zur weltlichen Kultur, der Leidensfähigkeit, der apokalyptischen Erwartung, dass das Reich Gottes ganz nahe sei – aber wirken sie fremd. Am besten ist es, wenn man sie ebenso wie die Mainstream-Reformatoren als eigenständige Gestalten ihrer Epoche versteht. Das wäre auch ein Gebot der historischen Fairness, die ihnen in der Kirchengeschichtsschreibung lange verwehrt wurde.

47. Wer war der wichtigste Vertreter der radikalen Reformation?
Der bedeutendste der radikalen Reformatoren war Thomas Müntzer (1489 bis 1525). Er war kein «Schwärmer», sondern bei aller religiösen Hitzigkeit ein nachdenklicher und eindrücklicher Theologe. Seine theologische Prägung verdankte er Martin Luther. Von diesem übernahm er das Drängen auf eine individuelle, nicht durch Priester vermittelte Glaubensgewissheit und daraus folgend das Anliegen einer Kirche, in der alle Getauften «Priester» sind. Aber Müntzer übernahm Luthers Grundanliegen so, dass er sie sogleich eigenständig und gegen Luther weiterentwickelte. Eigentümlich war bei ihm zum einen der Wunsch – oder man könnte auch sagen: die Erfahrung –, ganz unmittelbar den Heiligen Geist

zu empfangen. Als «Geistbegabter» fühlte er sich viel weniger an Bibel, Sakramente und Tradition gebunden als Luther, der in seinen Augen einen «stummen Gott» predigte, während er unmittelbar aus dem Geist Gottes heraus sprach. Zum anderen war für Müntzer die Treue zum göttlichen Gesetz bestimmend. Die Gebote – besonders der Bergpredigt – müssten unbedingt und ohne jede Einschränkung befolgt werden. Luther relativiere in unzulässiger Weise das Gesetz zugunsten der Gnade Gottes und predige deshalb einen «honigsüßen Christus». Wegen seiner vermeintlichen Laxheit nannte Müntzer ihn «Vater Leisetritt» oder «Bruder Sanftleben». Ein drittes Kennzeichen Müntzers war eine ausgesprochene Leidensbereitschaft. Erst «unter dem Kreuz» könne der Mensch Christus ähnlich werden, erst hier werde er für Gott «empfindlich». Diese Kennzeichen – die Geistbegabung, der Rigorismus und die Leidenswilligkeit, hinzu kommt noch die apokalyptische Naherwartung – gaben Müntzers Theologie und Frömmigkeit einen ausgesprochen drängenden, utopischen Charakter. Der Glaube war für ihn «der Mut und die Kraft zum Unmöglichen».

Auch diese Botschaft fand damals ihre eigene Gemeinde – nicht unter den Obrigkeiten oder dem aufstrebenden Bürgertum, wohl aber unter den Unterdrückten und Ausgebeuteten, dem «gemeinen Mann» sowie unter den Nonkonformisten unter den Gebildeten.

Will man ein Bild für den Unterschied zwischen der Mehrheitsreformation eines Martin Luther und der radikalen Reformation eines Thomas Müntzer gewinnen, hilft vielleicht ein Vergleich aus einer ganz anderen Zeit: Beide verhielten sich zueinander wie Sozialdemokratie und Studentenbewegung in den sechziger und siebziger Jahren des vergangenen Jahrhunderts. SPD und «Außerparlamentarische Opposition» (APO) verstanden sich beide als emanzipatorische Bewegungen, die für mehr Freiheit und Gerechtigkeit eintraten. Aber während die einen den Weg der Institutionen gingen, sich selbst eine feste Struktur gaben, Mehrheiten gewannen, Machtpositionen eroberten, sich anpassten und Teil der bestehenden Gesellschaft wurden, setzten die anderen auf Provokation, wütenden Protest – bei einigen wenigen sogar bis hin zum Terrorismus – oder die Sonderexistenz eines «alternativen Lebens», gaben dadurch ganz neue Impulse, wurden aber nicht mehrheitsfähig. Besonders einer der ersten Täufer, der Zürcher Konrad Grebel (1489 bis 1526), erinnert in manchem an die «68er»: Er war der begabte, aber unangepasste Sohn einer Patrizierfamilie, ein verkrachter Student ohne berufliche Perspektive, wurde zu einem scharfen Kritiker der herrschenden scheinheiligen Verhältnisse, unterstützte die Reformation Zwinglis, ließ sich dabei auf keine Kompromisse ein, geriet darüber ins politische und kirchliche Abseits, verließ seine Familie, ging in den Untergrund, wurde verstoßen, verfolgt, verhaftet und gefangen gesetzt, fand aber in der kleinen Gemeinschaft der Gleichgesinnten vorübergehend die ersehnte Geborgenheit, bevor er noch nicht einmal dreißigjährig an der Pest starb.

48. Warum wollte Luther eine Kirche gründen, Müntzer aber eine Sekte bilden? Will man die Mainstream-Reformation Luthers oder Calvins von der radikalen Reformation Müntzers unterscheiden, kann man eine Fülle von theologischen Streitpunkten aufführen. Wichtiger aber ist, dass beide Seiten unterschiedliche Sozialformen des Christlichen anstrebten. Die einen wollten eine reformierte Kirche aufbauen, die anderen aber eine Sekte begründen. Alle theologischen Unterschiede ordnen sich diesem soziologischen Grundunterschied unter. Das Christentum hat sich von Beginn an in verschiedenen Formen organisiert. Der Soziologe Max Weber (1864 bis 1920) hat zwei Grundmodelle unterschieden: Kirche und Sekte («Sekte» ist dabei wertfrei gemeint, man könnte auch von «Freikirche» sprechen). «Kirche» meint die große Institution des Glaubens. Sie ist in der Lage, die Mehrheit oder Gesamtheit einer Gesellschaft in sich zu vereinigen – also auch Menschen, die keinen «eigenen» Glauben haben, sondern nur aus Tradition oder sozialer Üblichkeit dazugehören. Sie versteht sich als Teil des gesellschaftlichen Establishments, sucht die Nähe zum Staat und ist bereit, Kompromisse mit der herrschenden Kultur einzugehen. «Sekte» meint die freie Vereinigung der bewussten

Christen, die aufgrund einer persönlichen Entscheidung dazugehören. Das können nur wenige sein. Die Sekte ist deshalb immer in der Minderheit. Deshalb kann sie auch konsequenter sein. Sie grenzt sich eindeutig von der «Welt» ab, hält Abstand zur Politik und bleibt auf Distanz zur allgemeinen Kultur. Lässt man ihr die Sonderexistenz, wird sie politisch nicht aktiv. Wird sie verfolgt – und das geschah von Beginn an –, dann steht sie mutig zu ihrem Glauben. Schon aus Eigeninteresse, aber oft auch aus Überzeugung fordert die Sekte Religionsfreiheit. Nach innen aber ist sie selten tolerant, sondern entfaltet erheblichen Gruppenzwang.

Normalerweise ist die Sekte pazifistisch. In Ausnahmefällen aber, wenn sie die Mehrheit erringt und die Auseinandersetzungen eskalieren, kann sie durchaus politisch und dann auch gewalttätig werden.

Man kann diesen Gemeinschaftstypen noch einen dritten hinzufügen. Der Theologe und Religionsphilosoph Ernst Troeltsch (1865 bis 1923) hat Webers Unterscheidung von «Kirche» und «Sekte» um die «Mystik» erweitert. Diese ist für ihn der lose Zusammenschluss von spirituell Gleichgesinnten. Von der Sekte unterscheidet sie sich dadurch, dass sie eine sehr lockere Gemeinschaft ist, ohne feste Mitgliedschaften und ohne schroffe Abgrenzungen nach außen. Das Wesentliche ist für sie allein der innere Glaube. Die Mystik lebt in Freundeskreisen und offenen Bündnissen, lehnt alle Formen dogmatisch definierter Konfessionen und jede Gewalt in Glaubensfragen ab. Politisch ist sie meist desinteressiert, doch kulturell entfaltet sie häufig eine überraschende Wirkung. Will man die Hauptfiguren des 16. Jahrhunderts diesen soziologischen Typen zuordnen, würde man Luther und Calvin unter «Kirche», Müntzer und die Täufer unter «Sekte», Spiritualisten wie die freien Erbauungsschriftsteller Sebastian Franck (1499 bis 1542/43) und Kaspar Schwenckfeld (1490 bis 1561) oder den Begründer der Quäker George Fox (1624 bis 1691) unter «Mystik» einstellen.

49. Wie friedlich waren die radikalen Reformatoren? Entscheidend für die Beurteilung einer Religionsgemeinschaft ist die Frage, wie sehr sie dem Frieden dient oder diesen bedroht. Im Allgemeinen wird den «Kirchen» eine größere Gewaltbereitschaft nachgesagt. Gerade in vormodernen Zeiten, als Kirche und Staat noch nicht klar voneinander abgegrenzt waren, nutzten Kirchen staatliche Gewaltinstrumente, um religiöse Abweichler, die dem Typus «Sekte» zugehörten, zu verfolgen. Sind die Sekten deshalb friedlicher als Kirchen?

Die radikalen Reformatoren verpflichteten sich zu einer außergewöhnlichen Friedfertigkeit. Wie in der Bergpredigt vorgeschrieben, verweigerten sie den Kriegsdienst, übernahmen keine politischen Ämter, die ja mit Gewaltausübung verbunden sind, trugen ohne Murren das Kreuz der Verfolgung, verzichteten auf Gegenwehr und Rache. Treibende Kraft dieser beeindruckenden Friedensfrömmigkeit war der Glaube, dass das Ende der Welt unmittelbar bevorstünde. Diese Überzeugung teilte Luther, doch die Radikalen zogen eindeutige Konsequenzen daraus. Das Ende ist nah, es ist fast schon da – deshalb müssen die wahren Gläubigen sich sofort von dieser Welt trennen. Darin lag auch ein Aggressionskeim verborgen. Denn die Radikalen verabschiedeten sich emotional, aber auch praktisch von ihrer Umwelt. Das waren Feinde, die sie nicht hassen sollten, aber auch nicht lieben konnten. Die Liebe der wahren Christen bezog sich nur auf die Mitglieder der eigenen Gemeinschaft, allein sie konnten «Nächste» sein. Andreas Karlstadt formulierte es so: «Wenn ich die Perle nicht vor die Säue werfen darf, so muss notwendig folgen, dass ich nicht ein jegliches Tier, das eine menschliche Haut an sich trägt und die Gestalt eines Menschen hat, für meinen Nächsten achten soll, sondern für eine Sau, der ich die besten Werke des Nächsten nicht beweisen darf.» Dem spirituellen Freigeist Sebastian Franck war dieser unsympathische Zug bei den Radikalen schon früh aufgefallen: «Sie erzeigten sich in viel Leidens geduldig, waren demütig, hießen einander Brüder. Wer aber ihrer Sekte nicht angehörte, den grüßten sie kaum.»

Diese Lieblosigkeit nach außen konnte sich mit nicht unerheblicher Aggression nach innen verbinden. Denn die Absonderung von der Welt und die angestrebte religiös-moralische Reinheit waren auf Dauer nur durch Gruppendruck möglich. Körperliche Gewalt wurde dabei nicht angewandt, wohl aber seelische.

In wenigen Momenten der politischen Eskalation griffen einige der radikalen Kräfte tatsächlich zu den Waffen. Als sie die Notwendigkeit spürten, die Macht der Gottlosen zu brechen und dem wahren Christentum zum Sieg zu verhelfen, überschritten zum Beispiel Müntzer oder später Oliver Cromwell die dünne Linie zur Gewalt. Die Mehrheit der Radikalen folgte ihnen dabei nicht. Sie wussten genau, dass sie das Eigentümliche ihrer Reformation selbst zerstören würden, wenn sie Gewalt ausübten, anstatt sie zu erleiden.

50. Wie wurde aus der Reformation eine Revolution? Welche revolutionären Energien die Reformation entfalten konnte, wenn sie das einfache Volk erreichte, beweist auf erschütternde Weise der Bauernkrieg (1523 bis 1526). Lange hatte sich der Unmut des untersten Standes gegen immer höhere Abgaben und eine immer größere Abhängigkeit von den Grundherren aufgestaut. Es hatte eine Reihe von gewaltsamen Protesten im spätmittelalterlichen Europa («Armer Konrad», «Bundschuh») gegeben. Dann aber wurde Luthers Botschaft zu einem der Funken, die das Feuer der Empörung entzündeten und einen Flächenbrand entfachten: die «Revolution des Gemeinen Mannes» (Peter Blickle). Luthers Kritik an einer Klerikerkirche, die auf Kosten anderer lebte, konnten die Bauern nur zu gut nachvollziehen. Seine Aufwertung des «gemeinen» Christen verbanden sie mit der Hoffnung, endlich politische und soziale Anerkennung zu erlangen. Die «Freiheit eines Christenmenschen» wollten auch sie erfahren. Allerdings hatten sie übersehen, dass Luther diese Freiheit keineswegs unmittelbar politisch verstand. Das hätte seinem Sozialkonservatismus widersprochen. Von ihm inspiriert und zugleich ihn missverstehend, begannen die Bauern in verschiedenen Teilen des Reiches ihre eigene Reformation. Sie erhoben wie die schwäbischen Bauern in ihren «Zwölf Artikeln» dabei gut evangelische Forderungen nach freier Pfarrerwahl, nach Abschaffung der vielen kirchlichen Gebühren und Dienstverpflichtungen oder nach einem Ende der Leibeigenschaft. Damit war eine Bewegung angestoßen, die eine ungeheure Wirkung entfalten sollte. Die Obrigkeiten reagierten zunächst erschrocken und dann mit massiver Gewalt. So wurde aus der Reformation der Bauern eine wütende Revolte. Auf ihrem Höhepunkt sollen 300 000 Bauern am Aufstand beteiligt gewesen sein. Ungezählte Burgen, Schlösser und Klöster wurden zerstört. Allerdings besaßen nur wenige der Anführer politische Visionen. Die meisten Bauern haben sie nicht geteilt. Ihnen ging es eher um konkrete Anliegen.

51. Warum scheiterte Thomas Müntzer mit seiner Bauernrevolution? Mit seiner heißen und apokalyptischen Frömmigkeit wurde Thomas Müntzer in Thüringen zum wichtigsten reformatorischen Revolutionär. Dass er das nötige politische und militärische Talent dafür besessen hat, kann man bezweifeln. Müntzer war ein sensibler Dichter, mitreißender Prediger und starker Gemeindeleiter, aber auch ein unpraktischer Utopist. Überhaupt war seine Motivation hauptsächlich religiös. Er erkannte in der Erhebung den Anfang des ersehnten Endes der Welt, das die Ungläubigen vernichten und die Kinder Gottes retten würde: «Die gottlosen bösewichtigen Tyrannen müssen untergehen, damit die Kreaturen frei werden und hierdurch das reine Wort Gottes aufgehen kann.» Die Thüringer Aufständischen konnten zunächst weite Gebiete erobern, wobei sie viele Schlösser und Klöster zerstörten. Angetrieben wurden sie von Müntzers Predigten, wie zum Beispiel dieser: «Gott will, wie die Propheten verkündet haben, die Gewaltigen vom Thron stoßen und die Niedrigen erheben. Und nachdem er die große Unterdrückung des Volkes gesehen hat, will er es jetzt befreien. Aus diesem Grund kann kein Fürst, Graf, Edelmann oder andere angesehene Leute, die Gewalt auf Erden besitzen, vor ihm bestehen bleiben, sie müssen herunter. Keiner wird mehr Fürst heißen. Der Haufen nimmt alles von jedem, der sich nicht reformieren lässt.»

Aber auf längere Sicht hatten die Bauern keine Chance. Die hätten sie nur gehabt, wenn tatsächlich das Ende dieser Welt gekommen wäre, an das sie ebenso fest wie vergeblich glaubten. So wurde ihre Erhebung zügig niedergehauen. Müntzers Aufstand zum Beispiel wurde in der Schlacht von Frankenhausen im Mai 1525 niedergeschlagen – besser gesagt: niedergemetzelt – und Müntzer wenig später getötet. Es war mehr ein Schlachten als eine Schlacht. Auch in den übrigen Landesteilen wurden die schlecht ausgerüsteten und organisierten Bauern schnell besiegt und brutal bestraft. Man erstarrt, wenn man heute die Berichte darüber liest.

Besonders erschrickt man über die berüchtigten Äußerungen Luthers zu den aufständischen Bauern, etwa: «Man soll sie zerschmeißen, würgen, stechen, heimlich und öffentlich ... wie einen tollen Hund.» Trotz seiner anfänglichen Sympathie für die berechtigten Anliegen der Bauern konnte er ihren Griff zu den Waffen nicht gutheißen. Er sah sich von ihnen falsch verstanden, seine Reformation diskreditiert und für ein politisch irrsinniges Projekt funktionalisiert. Aber wie er die Fürsten dazu aufrief, die Aufständischen niederzuschlagen, sprengte wieder einmal jedes Maß. Politische Folgen hatte dieser verbale Exzess seiner Bauernbeschimpfungen kaum – psychologisch hat er lange und fatal gewirkt. Er hat weniger den Aufrührern als Luther selbst geschadet.

Der Bauernkrieg war ein ebenso eindrückliches wie tragisches Ereignis. Die marxistisch inspirierte Geschichtswissenschaft hat ihn zu einem epochalen Meilenstein der deutschen Geschichte erklärt, zu einer «frühbürgerlichen Revolution» – sicherlich zu Unrecht. Langfristige Wirkungen hatte der Bauernkrieg kaum, viele Gegenden des römisch-deutschen Reiches hatte er nicht betroffen. Untergründig aber hat Müntzer weit gewirkt. Die Täuferbewegung in Süddeutschland und in der Schweiz ist stark von seinem unbedingten, mystischen Endzeitglauben geprägt, ohne jedoch seine Theologie der Gewalt zu übernehmen.

52. Warum konnten die Radikalen in Münster die Herrschaft erringen?

Das Täufertum war eine weit verzweigte Bewegung, die in vielen Teilen Europas wirksam war, besonders in der Schweiz, in Oberdeutschland, im Elsass, in Mähren und den Niederlanden. Kurzfristig wurde Münster zu seiner Hauptstadt – zum Staunen und Erschrecken der damaligen Welt.

Diese ungeheuerliche Begebenheit begann in Straßburg. Dort traf im Jahr 1529 Melchior Hofmann (ca. 1496 bis 1543) ein: ein apokalyptischer Wanderprophet, der lange Missionsreisen in Nord- und Nordosteuropa hinter sich hatte. Er war ein charismatischer Prediger, der mit seiner revolutionären, zunächst nicht gewaltbereiten Botschaft die Massen erregte. Vor allem städtische Mittel- und Unterschichten begeisterten sich für seine Ankündigung einer neuen Welt: Straßburg sollte bald das «neue Jerusalem» werden. Dazu aber müsste «Babylon» vernichtet werden – allerdings sollten die Täufer dies nur mit ihren Gebeten befördern. Damit war eine schmale Trennlinie zwischen urchristlichem Pazifismus und apokalyptischer Mordlust gezogen. Fast hätte Hofmann in Straßburg die kirchliche Herrschaft an sich gerissen, doch gelang es dem bedeutenden Stadtreformator (und Erfinder der Konfirmation) Martin Bucer (1491 bis 1551) im Jahr 1533, Hofmann gefangen zu setzen. Die «Melchioriten» wurden vertrieben. Hofmann selbst sollte nach zehn Jahren Gefangenschaft sterben, ohne dass sich seine Prophezeiungen erfüllt hätten.

Aber sie wirkten andernorts weiter, zunächst in den Niederlanden. Dort hatte Hofmann zahlreiche Anhänger. Nach seiner Gefangennahme setzte sich der Haarlemer Bäcker Jan Matthys (ca. 1500 bis 1534) an die Spitze der Bewegung. Hatte Hofmann sich als neuer Elias ausgerufen, so ließ Matthys sich als zweiter Henoch verehren. Er verkündete eine neue Zeit: Die Verfolgung der wahren Gläubigen werde enden, denn Gott werde sein Reich auf Erden gründen und alle Gottlosen vernichten. Ort dieser Utopie sollte Amsterdam sein und den Titel des «zweiten Jerusalem» von Straßburg übernehmen. Doch harte Verfolgungen zerstörten diese wilde Hoffnung.

Stattdessen bot sich plötzlich Münster an. Diese Stadt war seit langem in Aufruhr. Erst 1532 war in der Hanse- und Bischofsstadt die Reformation eingeführt worden, nach langen theologischen und politischen Kämpfen. Anführer war der Prediger Bernd Rothmann (1495 bis ca. 1535). Seine Reformation fiel deutlich demokratischer aus als Luthers obrigkeitliches Modell. Sie radikalisierte sich rasant, auch durch den Einfluss der holländischen Melchioriten, die 1534 nach Münster kamen. Weithin forderten sie alle wahrhaft Gläubigen auf, «mit Weib und Kind die irdischen Güter zu verlassen, ‹nach Münster zu kommen› und sein heiliges Zion und darin den Dienst des ewigen Gottes ohne allen Götzendienst einzurichten». Viele folgten diesem Aufruf. Aber auch der vertriebene Bischof von Münster sammelte seine Truppen, um seine Stadt zu belagern. Der Endkampf sollte beginnen. Die einheimischen Bürger verbanden sich mit den niederländischen Zuwanderern. In einem ordentlichen Wahlverfahren errangen die Täufer die Macht, Jan Matthys wurde als religiös-politischer Führer anerkannt. Nun wurde eine ganz neue, nie gesehene Ordnung eingeführt: die Symbole der alten Herrschaft vernichtet, Bilder zerstört, Kirchen geplündert, Klöster niedergerissen, Bücher verbrannt, Andersglaubende angegriffen und vertrieben. Münster sollte rein werden. Etwa 2000 Münsteraner, die sich nicht taufen lassen wollten, mussten die Stadt verlassen. Sie wurden aber bald durch täuferische Immigranten ersetzt. Jetzt konnte und musste die Gütergemeinschaft eingeführt werden. Wie in der Urgemeinde sollte es kein Privateigentum mehr geben, sondern alles wurde mit allen geteilt. Das war ein utopisches Zeichen, aber angesichts der Belagerung auch schlichte Notwendigkeit, kriegsbedingte Planwirtschaft.

Bei einem Ausfall gegen die bischöflichen Truppen ausgerechnet zu Ostern wurde Jan Matthys getötet. Der Glaube vieler Anhänger, dass er auferstehen werde, wurde enttäuscht. Da nutzte Jan van Leiden (1509 bis 1536), ein weiterer niederländischer Melchiorit, das Machtvakuum und ließ sich zum König von Münster ausrufen: «Johann aus Leiden, der Mann Gottes und heilige Prophet, soll über den ganzen Erdkreis König sein. Er wird über alle Kaiser, Könige, Fürsten und alle Gewalt der Erde herrschen.» Damit begann ein siebzehnmonatiger messianischer Ausnahmezustand, in dem Jan van Leiden über das ungewöhnlichste Königreich der Menschheitsgeschichte regierte, in dem es keinen Privatbesitz gab, gesellschaftliche Unterschiede aufgehoben und alle gleich waren. Die Folter wurde zwar abgeschafft, aber Hinrichtungen blieben keine Seltenheit und wurden sogar vom König selbst durchgeführt. Besonderes Aufsehen erregte die Vielehe, ein neu belebtes alttestamentliches Ideal. Auch sie war eine kriegsbedingte Notwendigkeit, denn es gab drei Mal so viele Frauen wie Männer im belagerten Münster. Doch war die Polygamie natürlich ein Geschenk an die antitäuferische Propaganda. Im Frühjahr 1535 verschlechterte sich die Lage der Belagerten dramatisch. Sie waren eingeschlossen und litten Hunger. Alle Nichtwehrfähigen wurden aus der Stadt verwiesen oder flohen. Viele von ihnen wurden von den Belagerern erschlagen. Eine Kapitulation war ausgeschlossen. Wer sich dem Endkampf verweigerte, wurde hart bestraft: Nun wurde das Königreich der Täufer zum Terrorregime. Ende Juni 1535 wurde es von Belagerern gestürzt. Sie drangen in die Stadt ein und metzelten die verbliebenen Täufer nieder.

Damit endete die extremste Reformation. Jan van Leiden wurde mit zwei anderen Anführern gefangen genommen. Man setzte sie fest, verhörte sie und versuchte, sie zu bekehren – vergeblich. Erst ein halbes Jahr später, im Januar 1536, wurden sie zu Tode gefoltert. Ihre Leichen wurden in eisernen Körben am Turm der zentralen Lambertikirche aufgehängt. Seither war Münster eine sehr katholische Stadt. Diese Körbe befinden sich immer noch dort – ein grässliches, Touristen anziehendes Erinnerungszeichen an eine furchtbare Geschichte. Es wäre an der Zeit, sie abzuhängen.

53. Welcher Reformator hätte den Friedensnobelpreis verdient gehabt?

Nach der Katastrophe von Münster hätte es mit der Täuferbewegung zu Ende sein können. Viele ihrer Anhänger waren getötet worden, viele sollte dieses Schicksal noch ereilen. Zudem hatte sie sich durch die Exzesse in Münster selbst in Verruf gebracht. Es war die Leistung von Menno Simons (wahrscheinlich 1496 bis 1561), dass es weiterging. Man kann ihn nicht als den Reformator der Täufer bezeichnen, weil er dafür zu zurückhaltend war. Außerdem hätten die Täufer eine solche Sonderstellung nicht zugelassen. Aber Menno war es, der dafür sorgte, dass die versprengten Täufer sich wieder sammelten, innerlich klärten, exaltierte und gewaltträchtige Einflüsse zurückdrängten. In seinen eigenen Worten: «Unsere Waffen sind nicht Waffen, womit man Städte und Länder verwüstet, Mauern und Tore erbricht und das menschliche Blut wie Wasser vergießt, sondern es sind Waffen, mit denen man das Reich des Teufels zerstört, das gottlose Wesen in den Gewissen der Menschen vernichtet und die steinharten Herzen zerknirscht ... Unsere Burg ist Christus; unsere Gegenwehr Geduld; unser Schwert ist Gottes Wort, und unser Sieg ist der freimütige Geist, der feste, ungefärbte Glaube an Jesus Christus.»

Weite Teile von Mennos Biographie liegen im Dunkeln. Über Kindheit und Jugend ist kaum etwas bekannt. Zunächst war er katholischer Priester, dann geriet er unter den Einfluss des radikalen Predigers Melchior Hofmann und schloss sich nach dem grausamen Ende des Täuferreichs von Münster «der Sache des Kreuzes» an. In den Niederlanden, in Norddeutschland, in West- und Ostfriesland sowie am Rhein brachte er die letzten zerstreuten Täufer wieder zusammen und ordnete sie im Sinne eines einfachen, friedlichen und sittenstrengen Christentums. Weithin wirkte er durch seine Erbauungsschriften. Wie kaum ein anderer in der Geschichte des Christentums hat Menno eine unbedingte Friedfertigkeit verkündigt und praktiziert.

Allerdings – und das ist die Kehrseite seines konsequenten Pazifismus – wurde in seinen Gemeinden nach innen erheblicher Druck entfaltet. Um die Geschlossenheit der Gemeinden auf Dauer zu gewährleisten, wurde strengste Kirchenzucht geübt. Wer Anlass zu moralischer oder religiöser Kritik bot, wurde beschämt und ausgeschlossen. Die anderen Gemeindeglieder durften dann keinen Umgang mehr mit ihm pflegen – selbst Familienmitglieder nicht.

Diese Praxis des Kirchenbanns war unbarmherzig und sorgte für viele Konflikte. Ein wirklich gewaltfreies Christentum hatte also auch Menno noch nicht zu bieten. Denn ein solches würde nicht nur nach außen auf körperliche Aggression verzichten, sondern auch nach innen auf seelische Gewalt.

Nach Jahrzehnten der brutalen Verfolgung wurden die Mennoniten im Laufe des 17. und 18. Jahrhunderts in einigen europäischen Gebieten geduldet: in den Niederlanden, der Schweiz sowie einigen deutschen Städten wie zum Beispiel Hamburg. Viele wanderten nach Übersee aus und gründeten mennonitische Gemeinden in Nord- und Südamerika. Die bekannten «Amischen» in Nordamerika, die den technischen Fortschritt ablehnen und sich heute noch so kleiden wie vor über hundert Jahren, sind eine Abspaltung der Mennoniten.

54. Was wurde aus den radikalen Reformatoren? Die Geschichte der Täufer ist vor allem eine unerträgliche Aneinanderreihung von Verfolgungen. Vor allem in katholischen Gebieten mussten sie brutalste Gewalt erleiden, aber auch in evangelischen Territorien wurden sie gejagt, verhört, gefoltert, geköpft, verbrannt, ertränkt, mit glühenden Zangen zerfleischt, manchmal nach einem irgendwie rechtlichen Verfahren, manchmal einfach spontan an Ort und Stelle. Anfangs war diese Verfolgung auch ein Mittel zur Verbreitung des Täufertums. Das Martyrium bestärkte sie und beeindruckte andere. Doch die Wucht der Repression zerstörte schließlich in weiten Teilen Europas die Täuferbewegung.

Einen Neuanfang gab es zu Beginn des 17. Jahrhunderts, als sich in England die Baptisten von den Puritanern abspalteten und von den Mennoniten die Erwachsenentaufe übernahmen. Viele von ihnen wanderten im Laufe des 17. und 18. Jahrhunderts in die «Neue Welt» aus und wurden in Neuengland und später in den USA zur Mehrheitsfrömmigkeit und kulturellen Macht. Hier konnten sie endlich in Freiheit leben und eine ganz andere Religionskultur begründen, die heute noch Europäer erstaunen kann: durch die Unbedingtheit der Frömmigkeit, die Festigkeit des

Glaubens, das unbändige Freiheitsempfinden, die demokratische Gemeindestruktur, die strikte Distanz zu Staat und Politik, die Abwehr moderner Kulturerscheinungen und Lebensformen.

Der große kulturelle Unterschied zwischen den Vereinigten Staaten von Amerika und Europa hat darin seine Wurzel, dass die «Stiefkinder der Reformation» (Ernst Troeltsch) hier die Gesellschaft prägen konnten. Wie sie dies taten, ist nicht auf einen Nenner zu bringen. Ins Auge springt ein aggressiver Konservatismus. Besonders fatal wirkte die «Southern Baptist Convention», die größte Denomination der USA, die über viele Jahrzehnte den Rassismus der Südstaaten steuerte und rechtfertigte. Aber auch die Gospelmusik, die afroamerikanische Bürgerrechtsbewegung und ihr gewaltloser Widerstand sind Urenkel der Täuferbewegung. Der Baptistenprediger Martin Luther King war ein Nachfahre von Konrad Grebel, Balthasar Hubmair und Menno Simons.

VI. Die Reformationen Europas

55. Wo entstand die erste evangelische Landeskirche? Die ersten Herrschaftsgebiete, die zwischen 1524 und 1525 evangelisch wurden, waren Städte: Straßburg, Nürnberg, Konstanz, Ulm, Magdeburg, Stralsund, Bremen. Das erste Flächenland, das diesen epochalen Schritt tat, lag deutlich weiter im Osten. Der Hochmeister des Deutschritterordens Albrecht von Brandenburg-Ansbach wandelte 1525 mit Zustimmung Polens das Ordensgebiet in Preußen in das weltliche Herzogtum Preußen um und führte damit zugleich die Reformation ein.

56. Für wen war die neue Lehre politisch besonders attraktiv? Reizvoll war die Reformation zunächst für viele Könige und Fürsten, weil sie ihnen die Möglichkeit eröffnete, sich von der Herrschaft des Kaisers, des Papstes und der Bischöfe zu lösen, direkt auf die reichen Kirchengüter zuzugreifen und unter einer neuen religiösen Flagge die Herrschaft im eigenen Land zu zentralisieren und zu intensivieren. Das war der Nutzen, den die Reformation den Fürsten in Deutschland – aber auch den Königen in Skandinavien – brachte. Im Gegenzug verpflichteten diese sich, die neue Lehre, ihre Vertreter und Anhänger vor Verfolgung zu beschützen. Man hat später oft die Obrigkeitshörigkeit des nordeuropäischen Luthertums kritisiert – zum Teil mit Recht. Aber man sollte bedenken, dass zu den historischen Urerfahrungen dieser Reformation gehörte, dass Luther ohne die Hilfe seines Landesherrn ebenso ermordet worden wäre wie Jan Hus – und alle seine Anhänger mit ihm.

Noch wichtiger als die Fürsten waren für die Durchsetzung der Reformation und ihr Überleben jedoch die Bürger in den Städten. Sie waren die innovativste Schicht, sorgten für Aufschwung in Handwerk und Handel, waren die neue Trägergruppe von Bildung und Kultur, Öffentlichkeit und Emanzipation. Sie sahen in der

Reformation eine Unterstützung ihres Freiheitsbemühens gegen kirchliche Bevormundung. Sie erhielten durch die Reformation die lang ersehnte Aufwertung. Mit Leidenschaft betrieben sie deshalb die Durchsetzung der neuen Lehren und verteidigten sie mit großem Mut.

Luther hat auf neue Weise zwischen weltlichem und geistlichem Reich unterschieden. Beides waren für ihn Lebens- und Herrschaftsbereiche eigener Art, die nicht vermischt werden sollten. Auch sollte nicht das eine in das andere hineinregieren: Kaiser, Fürsten und Räte dürfen in Glaubensdingen keine Entscheidungen treffen oder in die Gewissensangelegenheiten der Untertanen und Bürger eingreifen; die Kirche soll keine politische Macht ausüben. Der Mensch war für Luther entsprechend ein Doppelwesen: als politischer Mensch – als Bürger, Fürst, Inhaber eines Amtes – soll er der Sachlogik seines Verantwortungsbereichs entsprechend vernünftig handeln; als Christ muss er den evangelischen Geboten der Nächsten- und Feindesliebe unbedingt folgen. Damit war der Anstoß zu einer tiefgreifenden Differenzierung zwischen Politik, Gesellschaft, Religion, Kirche und Moral gegeben, auch wenn diese Differenzierung erst später langsam wirksam wurde. Das 16. Jahrhundert ging noch ganz «mittelalterlich» vom Leitbild des «corpus christianum» aus: Jedes Herrschaftsgebiet ist wie ein Körper, in dem das Blut nur einer Religion fließen kann und das den ganzen Körper mit Leben erfüllt. Eine Trennung von Staat und Kirche war noch undenkbar.

Die Reformation beendete im Prinzip die mittelalterliche Vorstellung, dass es ein einheitliches Europa geben könne – mit Papst und Kaiser als Doppelspitze und trug so, ohne es direkt selbst zu wollen, zur politischen Modernisierung Europas bei. Von nun an war Europa nur noch als bunter Flickenteppich verschiedenster politischer und religiöser Kulturen möglich.

57. Was war die Pariser Bluthochzeit? Von Deutschland aus wird oft übersehen, dass Frankreich schon vor dem Dreißigjährigen Krieg – einem europäischen Krieg auf deutschem Boden –, der von

1618 bis 1648 wütete, Extremes zu erleben und zu erleiden hatte. Während im politisch zersplitterten Heiligen Römischen Reich deutscher Nation die Anhänger der Reformation schon bald geschützte Herrschafts- und Rückzugsgebiete besaßen, waren sie im zentral regierten Frankreich viel eher von zentral gesteuerten Verfolgungen bedroht, die ihrerseits oft Reaktionen auf protestantische Ausschreitungen waren. Dabei wechselten Verständigungsversuche mit verschärften Unterdrückungen. 1547 bestieg Heinrich II. den Thron. Er wollte die Kirche reformieren, zugleich aber die protestantische Minderheit zurückdrängen, die sich anschickte, im politisch so wichtigen Adel Anhänger zu gewinnen. Die Protestanten hatten sich unter dem Einfluss Calvins radikalisiert, politisiert, fast auch militarisiert. Der eigentliche Entscheidungskampf zwischen altem und neuem Christentum schien nun in Frankreich anzustehen. So militant die Reformierten dabei erschienen, gewalttätiger, ja blutrünstiger waren die Katholiken.

Zwischen 1562 und 1598 kam es zu acht Hugenottenkriegen. Den grausigen Höhepunkt bildete eine Nacht des Jahres 1572. Die feierliche Hochzeit des Prinzen Heinrich von Navarra (des späteren Königs Heinrich IV.) stand bevor. Ganz Paris bereitete sich darauf vor, doch nicht nur darauf. Vier Tage vor dem Fest wurde auf Admiral Gaspard de Coligny, den Anführer der hugenottischen Adligen, ein Attentat verübt. Bevor die Protestanten reagieren konnten, schlugen die Katholiken zu. In der Nacht vom 23. auf den 24. August, dem Tag des für sie heiligen Bartholomäus, ermordeten königlich-katholische Truppen die prominenten Führer der Hugenotten, die sich wegen der Hochzeit in Paris befanden. Ein entfesselter Mob folgte ihnen nach. Es begann ein drei Tage währendes Wüten und Morden in der Hauptstadt, das im übrigen Land noch einige Wochen lang andauern sollte. Liest man heute über die «Pariser Bluthochzeit» oder «Bartholomäusnacht», die eben nicht nur eine Nacht dauerte, fühlt man sich an den Völkermord im Ruanda des vergangenen Jahrhunderts erinnert. Ein lang aufgestauter Hass entlud sich spontan und geplant zugleich in einem Gewaltexzess. Nachbarn erschlugen, erstachen, erschossen ihre Nachbarn – Männer, Frauen und Kinder. Wie viele Protestanten getötet wurden, lässt sich nicht mehr feststellen. Entscheidend ist aber nicht die nackte Zahl, sondern die Tatsache, dass es gelingen konnte, mit einem einzigen Terrorschlag die reformierten Kräfte im Volk zu treffen. Von diesem Trauma hat sich der französische Protestantismus nicht erholt. Demoralisiert emigrierten viele oder zogen sich zurück. Man kann dies an einem Detail nachvollziehen: Nach dem Pogrom erhielten die neugeborenen Kinder protestantischer Familien viel seltener alttestamentliche Namen, sondern wurden wie ihre katholischen Altersgenossen wieder nach Heiligen benannt – so waren sie an ihren Rufnamen nicht mehr als Protestanten zu erkennen. Es mag zynisch klingen, aber für die katholische Seite war die Bartholomäusnacht ein voller Erfolg.

Eine leichte Entspannung brachte das Edikt von Nantes 1598. Der eigentlich protestantisch gesinnte König Heinrich IV., der nach der Devise «Paris ist eine Messe wert» zum Katholizismus konvertiert war, um den Thron besteigen zu können, gewährte den Hugenotten eine gewisse Rechtssicherheit. Fast einhundert Jahre lang konnte sich die Hugenottenkirche – fast wie ein eigener Staat im Staat – halten. Aber 1685 hob der absolutistisch regierende Sonnenkönig Ludwig XIV. das Toleranzedikt auf. Hunderttausende von Hugenotten flohen. Viele, denen dies nicht gelang, wurden hingerichtet oder endeten auf Galeeren. Noch weit bis ins 18. Jahrhundert wurden die übriggebliebenen Protestanten, die sich in Untergrundgemeinden sammelten, verfolgt. Diese Rekatholisierung war ein großes Unrecht, für Frankreich ein erheblicher kultureller und wirtschaftlicher Verlust, ein Gewinn aber für all die Länder, die die Verfolgten aufnahmen. Holland, England, die Schweiz, Schweden, Dänemark, Irland, Südafrika, Brandenburg-Preußen, Baden, die Pfalz oder Hessen profitierten sehr davon.

Diese Gewalttaten sollte die französische Geschichte prägen und belasten. Über den Graben zwischen den Anhängern des alten Glaubens und ihren Kritikern konnten keine Brücken gebaut werden. Der Terror der Revolution gegen die Königs- und Kirchentreuen zweihundert Jahre nach der Bartholomäusnacht muss auch vor diesem Hintergrund gesehen werden. Und die Tatsache, dass sich das konservativ-katholische Milieu in Frankreich zum Teil so aggressiv gebärdete – man denke an die Dreyfus-Affäre, die Action française, das Vichy-Regime, die Piusbruderschaft oder gegenwärtig den Front National –, dürfte auch mit diesen Erfahrungen selbst ausgeübten und erlittenen Terrors zu tun haben.

58. Wieso wurde ausgerechnet in den Niederlanden so erbittert gekämpft? Schon früh gewann die Reformation in den Niederlanden an Einfluss – erst Luther, dann die Täufer, schließlich Calvin. Hier kam es auch zu den ersten Martyrien: 1523 wurden Hinrich Voes und Jan van Esch, zwei Augustinermönche, die sich zu Luthers Lehre bekehrt hatten, öffentlich verbrannt. Als Luther davon erfuhr, dichtete er ein Lied auf die beiden jungen Märtyrer:

> Ein neues Lied wir heben an,
> Das walt' Gott unser Herre,
> Zu singen was Gott hat getan
> Zu seinem Lob und Ehre.
> Zu Brüssel in dem Niederland
> Wohl durch zween junge Knaben
> Hat er sein Wunder g'macht bekannt,
> Die er mit seinen Gaben
> So reichlich hat gezieret.

Die Obrigkeit bekämpfte die verschiedenen Spielarten des neuen Glaubens in den Niederlanden deshalb so besonders scharf, weil sie die sehr pluralistischen Niederlande in ein politisch-religiös geschlossenes Herrschaftsgebiet umwandeln wollte. Erst versuchte dies Kaiser Karl V. (regierte von 1519 bis 1556), dann der spanische König Philipp II. (regierte von 1555 bis 1598).

Unter Philipp wurde Madrid zur Weltzentrale der Gegenreformation. Die Niederlande erklärte sie zu ihrem Hauptschlachtfeld, denn hier wollte sie die absolute spanisch-katholische Herrschaft durchsetzen. Heldenhaft wehrte sich die Bevölkerung dieses kleinen Landes gegen die Übermacht des spanischen Weltreichs in einem großen Freiheitskampf, der ganze siebzig Jahre dauern sollte: von 1566 bis 1609 und von 1621 bis 1648. Um die Opposition von Volk und Adel sowie den religiösen Aufruhr, der zu erheblichen Zerstörungen von Kirchen, Bildern und Klöstern geführt hatte, zu unterdrücken, setzte Philipp den Herzog von Alba als Statthalter der Niederlande ein. Dieser oberste Staatsreligionsterrorist der spanischen Gegenreformation führte von 1567 bis 1573 ein Schreckensregiment: Seine Soldaten verwüsteten ganze Städte und Landstriche, «Ketzer» ließ er zu Zehntausenden hinrichten, Hunderttausende von Protestanten zwang er zur Flucht. Er wurde zum Inbegriff religiöser Gewalt, wie das *Vaterunser von Gent* bezeugt, das 1572 verfasst wurde:

Teufel unser, der zu Brüssel du haust,
verflucht sei dein Name, vor dem uns graust;
von uns dein Reich sich wende
zu lang ersehntem Ende;
dein Wille mag nie erfüllet werden,
wie nicht im Himmel, so nicht auf Erden.
Du nimmst uns heute unser täglich' Brot,
Weiber und Kinder leiden viel Not;
keinem erlässt du seine Schuld,
drum bewahr' uns alle vor deiner Huld.
Stets wirst du uns in Versuchung führen,
so lang diese Lande dein Wüten spüren.
Himmlischer Vater, der über uns thront,
mach, dass dieser Teufel uns verschont,
samt seinem falschen, blutigen Rat,
der stets nur Böses im Sinne hat,
und schick' seine spanische Kriegermeute
zurück in die Hölle, dem Satan zur Beute. Amen

Doch Spanien hatte die falsche Strategie gewählt. Albas Grausamkeit machte den politisch-religiösen Aufstand zur Sache des ganzen Volkes. Unter der Führung von Wilhelm von Oranien (1533 bis 1584), einem der bedeutendsten Staatsmänner dieser Epoche, gelang es, das spanische Joch abzuschütteln. Die sieben nördlichen Provinzen der Niederlande trennten sich vom katholischen Süden und bildeten eine unabhängige Republik. Hier wurde der Calvinismus zur Staatsreligion, andere Konfessionen aber wurden geduldet, sogar in gewissen Grenzen auch der Katholizismus.

59. Warum gibt es in den Niederlanden verschiedene reformierte Kirchen? Für den opferreichen Freiheitskampf der Niederlande war der Calvinismus die richtige Konfession. Denn er stiftete eine unerschütterliche Gewissheit, eine strenge Geschlossenheit und eine eindeutige Gegnerschaft zu allem Katholischen. Aber er sorgte auch für viele innere Konflikte. Es ist sprichwörtlich: «Ein Niederländer – ein Theologe; zwei Niederländer – eine Kirche; drei Niederländer – ein Schisma.» Ein bitteres Beispiel dafür ist der Arminianische Streit (1604 bis 1619). Jakob Arminius, ein calvinistischer Prediger und Theologieprofessor, hatte eine zentrale Lehre des Calvinismus in Frage gestellt: die Prädestination. Noch mehr als für Luther war es für Calvin ein zentrales theologisches Problem gewesen, warum einige Menschen das Evangelium annahmen und andere nicht. Er beantwortete es mit dem Gedanken der Prädestination, wonach eine bestimmte Anzahl von Menschen von Ewigkeit her von Gott zum Heil bestimmt sei. Auf den ersten Blick ist es erstaunlich, dass das Bewusstsein, selbst immer schon erwählt zu sein, bei Calvin nicht zu einer gewissen Beruhigung führte, sondern ihn im Gegenteil zu einer gesteigerten Aktivität anstachelte. Das Bewusstsein, dass alles in Gott gründet und mündet, war im Calvinismus der Impuls für eine religiös-moralisch und kulturell-politisch höchst engagierte Frömmigkeit. An eine gedankliche Klärung der Abgründe des Prädestinationsglaubens machte Calvin sich klugerweise nicht. Die schreckliche Frage, ob denn der überwiegende Teil der Menschheit von Gott schon vor der Schöpfung der Welt zur Verdammung vorherbestimmt worden sei, stellte er sich nicht. Eine sogenannte «doppelte Prädestination», nach der wenige Menschen zum Heil und alle anderen zum Unheil erwählt sind, hat er nicht gelehrt.

Dies aber taten seine besonders überzeugten Anhänger in den Niederlanden. Als Erster wagte es Arminius, hieran öffentlich Zweifel anzumelden. Das war politisch gefährlich, denn es zeigte, dass das Bekenntnis, mit dem die Niederlande gegen die Spanier kämpften, an einem entscheidenden Punkt verbessert werden musste. Die Kirchenleitung war nicht gesprächsbereit und brandmarkte Arminius' Lehre als Verrat. Arminius musste äußerst aggressive Angriffe erdulden, wurde aber nicht verurteilt, sondern starb eines natürlichen Todes. Nach seinem Tod sammelten sich seine Nachfolger unter dem Namen «Remonstranten» zu einer Sondergemeinde. Im 19. Jahrhundert spaltete sich von der Niederländisch-reformierten Kirche die streng calvinistische Reformierte Kirche der Niederlande ab. Resultat der vielfältigen Glaubenskämpfe war die «Versäulung» der Niederlande: Jede Konfession oder konfessionelle Gruppe bildete für sich eine Säule der Gesellschaft, ein geschlossenes Milieu mit eigenen Kirchen, Schulen, Vereinen und Kulturen. Es wäre zu fragen, ob die rasante Säkularisierung, die aus den Niederlanden im vergangenen Jahrhundert das – nach Tschechien – unkirchlichste Land Europas gemacht hat, eine Spätfolge dieser Versäulung ist. Erst 2004 wurde der Versuch unternommen, durch die Union der drei größten evangelischen Kirchen in der Protestantischen Kirche der Niederlande die Spaltung zu überwinden.

60. Warum wurde in England nur eine halbe Reformation eingeführt? Die Reformationen waren immer auch politische Angelegenheiten. In einem Zeitalter, in dem Religion, Staat, Kultur und Gesellschaft «eins» waren, konnte dies gar nicht anders sein. Aber gibt es eine Steigerung von «politisch»? Man müsste sie auf die englische Reformation anwenden. Besonders politisch gestaltete sie sich hier, weil die Motivation ihres wichtigsten Protagonisten wenig religiös, ja ziemlich unfromm war. König Heinrich VIII. (regierte von 1509 bis 1547) war einer der Ersten, die außerhalb des römisch-deutschen Reichs die Schriften von Martin Luther lasen. Er fühlte sich sogar dazu berufen, schon 1521 eine Gegenschrift zu verfassen. Der Papst verlieh ihm dafür den Titel «defensor fidei» (Verteidiger des Glaubens), nicht ahnend, dass aus dem Verteidiger bald ein Angreifer werden sollte, denn Heinrich geriet in immer stärkeren Gegensatz zu Rom. Und dies nicht nur, weil er wie alle Landesherren ein Interesse daran hatte, die Kirche in seinem Land unter Kontrolle zu bringen und von Rom zu lösen. Es gab noch ein intimes Motiv. Er verliebte sich in eine junge Hofdame namens Anne Boleyn und wollte sie heiraten. Doch der Scheidung von seiner ungeliebten Ehefrau wurde der kirchliche Segen verweigert. Deshalb erklärte Heinrich die päpstliche Gewalt über sein Königreich für beendet und ernannte sich zum kirchlichen Oberherrn von England. Dies wurde schließlich 1534 im «Act of Supremacy» ratifiziert. Sein wichtigster Helfer war dabei Thomas Cromwell, ein überzeugter Protestant. Er setzte mit massiver Gewalt die Auflösung aller Klöster und das Ende des Mönchtums durch. Unter Heinrich wurden aber zugleich evangelische Regungen unterdrückt. Seine «Reformation» war eigentlich nichts anderes als eine Verstaatlichung der Kirche. Sein treuer Dienst wurde Thomas Cromwell nicht gelohnt. Als Hochverräter und Protestant ließ Heinrich ihn 1540 hinrichten. Auch Anne Boleyn sollte nicht glücklich werden. Schon drei Jahre nach ihrer Eheschließung ließ Heinrich sie ebenfalls hinrichten, um dann noch vier weitere Male zu heiraten.

Vielleicht lag es an dieser unglücklichen Anfangsgeschichte, dass England in der Folge unter einem schrecklichen Wechselspiel zu leiden hatte: Mal errangen die protestantischen Kräfte die Oberhand, was zu katholischen Reaktionen führte, die wiederum von protestantischen Gegenreaktionen abgelöst wurden usw. usf. Zum ersten Mal unter Heinrichs Nachfolger, Edward VI., machte sich ein gemäßigt evangelischer Einfluss bemerkbar. Der Erzbischof von Canterbury, Thomas Cranmer (1489 bis 1556), gab 1549 das *Book of Common Prayer* heraus. 1552 folgte ein eigenes, reformatorisches Glaubensbekenntnis, die «42 Artikel». Über eine ganze Reihe von Flüchtlingen und an englische Universitäten berufene Gelehrte geriet England unter den Einfluss der Reformation Zwinglis und Calvins. Der katholische Gegenschlag erfolgte unter Edwards Nachfolgerin Maria I. (regierte von 1553 bis 1558). Man nannte sie «Bloody Mary», weil sie die Papstkirche mit erheblicher Gewalt wieder aufrichtete. Viele Protestanten wurden auf dem Scheiterhaufen verbrannt, unter anderem auch Thomas Cranmer. Marias kurze Schreckensherrschaft wurde durch die lange Regierungszeit Elisabeths I. (1558 bis 1603) abgelöst. Sie brachte – aus rein politischen Gründen – die anglikanische Staatskirche zurück und damit Spanien gegen sich auf. Angriffe von innen (Maria Stuart) und von außen (Spanische Armada) konnte sie abwehren. Über den Sieg der halb evangelischen, halb katholischen Staatskirche konnten die wirklich überzeugten Protestanten nicht glücklich werden. Sie hätten sie gern «gereinigt». Doch diese Puritaner wurden unter Elisabeth ebenso wie die Katholiken unterdrückt. Viele flohen nach Amerika oder in die Niederlande. Aber von dort sollten sie beziehungsweise ihre Kinder zurückkehren, und zwar mit voller Macht.

Auf Elisabeth folgte eine Zeit der Revolution und des Bürgerkriegs. Oliver Cromwell (1599 bis 1658) gelang mit seinem Puritaner-Heer die Abschaffung von Königtum und anglikanischer Staatskirche. Als sichtbares Schreckenszeichen seines Sieges ließ er 1649 den gestürzten König Charles I. hinrichten. Doch Cromwells Diktatur der Überfrommen wurde von einem katholischen Restaurationsversuch abgelöst, der wiederum 1688 durch eine zweite Revolution beendet wurde.

1689 wurde endlich ein Toleranzgesetz erlassen, das weitgehende Bekenntnisfreiheit brachte. Die Engländer hatten bitter die Lektion lernen müssen, dass eine religiöse Orientierung sich nicht mit Gewalt durchsetzen lässt und dass ein Staat am besten funktioniert, wenn er seinen Bürgern Religionsfreiheit gewährt. Dazu bedarf es einer Gesellschaft, die Unterschiede erträgt, in Wahrheitsfragen zurückhaltend und zu Kompromissen bereit ist. Die anglikanische Kirche wirkt heute darin besonders anziehend, dass sie von einer vornehmen Dezenz geprägt ist. Sie pflegt ihre Traditionen, würdig und stilbewusst, aber auch mit einer Portion Ironie. Sie verkündigt selbstbewusst ihre Botschaft, lässt sich aber auch in Frage stellen. Sie besitzt eine eigene Gottesdienstkultur, die dem Betrachter als katholisch erscheinen kann, vermeidet aber jeden Ritualismus. Wie lange wird sie ihre charmante Kompromiss-frömmigkeit erhalten? Zurzeit wird sie von einer erbitterten Kontroverse zwischen liberalen Kräften in Europa und Nordamerika auf der einen Seite und konservativen Kräften vor allem in Afrika in Atem gehalten. Der weltweite Zusammenschluss der Anglikaner dürfte daran auseinanderbrechen. Und im heutigen England haben die allermeisten Menschen andere Sorgen als den uralten Streit zwischen katholisch-konservativen und protestantisch-progressiven Christen.

61. Warum haben die beiden größten Schriftsteller der Reformationszeit über die Reformation geschwiegen? In den Theaterstücken William Shakespeares (ca. 1564 bis 1616) findet man die ganze Welt, alle menschlichen Möglichkeiten und Unmöglichkeiten. Nur eine direkte Bezugnahme auf den wichtigsten politischen und kulturellen Konflikt seiner Lebenszeit, den englischen und europäischen Kampf um die Reformation, sucht man dort vergeblich (wenn man von seinem letzten, wenig überzeugenden und heute kaum noch gespielten Stück *Heinrich VIII.* absieht). Dabei war er sowohl ein religiös musikalischer Mensch und Dichter als auch ein politisch interessierter und hellsichtiger Beobachter. Ähnlich verhält es sich bei dem bedeutendsten Essayisten dieser Epoche, nämlich Michel de Montaigne (1533 bis 1592). Liest man in seinen *Essays*, stößt man zwar hin und wieder auf kürzere Anspielungen auf den französischen Religionsbürgerkrieg. Doch gewinnt man den Eindruck, als wollte Montaigne dieses Thema so schnell wie möglich wieder loswerden. Dabei hatte er als politischer Amtsträger zeitweise sehr unmittelbar damit zu tun.

Warum also haben Shakespeare und Montaigne über die Reformationen und ihre Konflikte geschwiegen? Vorsicht mag ein Motiv gewesen sein, Angst vor Zensur oder Verfolgung – berechtigterweise. Vielleicht wollten sie sich durch ihr Schweigen aber auch ihre Freiheit und Souveränität bewahren, sich nicht bestimmen lassen durch aktuelle Eskalationen, sich nicht verhetzen lassen, sich ihren Blick auf das Leben, seinen Grund und seine Abgründe, sein Ziel, seinen Sinn und Unsinn nicht verdrehen und verwirren lassen, die Anliegen des eigenen Denkens und Schreibens selbst bestimmen. Wenn dem so war, muss man ihr Schweigen weise nennen, sympathisch finden. Montaigne hat durch seine generelle Skepsis gegenüber allen absoluten Wahrheitsansprüchen einen Standpunkt jenseits der religiösen Konflikte gefunden, der uns bis heute modern erscheint, der im Grunde aber auch christlich genannt werden könnte.

62. Warum sind die deutschen Protestanten eigentlich schottisch?

Schottland liegt am Rand Europas. In der Reformationszeit aber wurde es zu einem der wichtigsten Kampfplätze. Was hier geschah, sollte erhebliche Auswirkungen auf die Entwicklungen in England oder Frankreich sowie für die Geschichte des Calvinismus haben. Früh fasste die Reformation in Schottland Fuß, wurde aber zunächst brutal unterdrückt. Unter der Führung von John Knox (1514 bis 1572) konnte sich nach langen Kämpfen ein strenger Calvinismus durchsetzen. 1560 begründete das Parlament eine reformierte Staatskirche. Anders als in England war diese Reformation nicht ein Werk der Obrigkeit, sondern wurde vom Volk erstritten. Folglich sollte die neue «kirk» weit weniger hierarchisch, sondern presbyterianisch gestaltet werden. Nicht ein Landesherr oder ein Bischof, sondern die Presbyterien (Kirchenkreise, in denen mehrere Kirchengemeinden zusammengeschlossen waren) stellten die entscheidende Instanz dar. Dieses Modell, das die goldene Mitte zwischen den obrigkeitlichen Landeskirchen und den ganz unabhängigen Einzelgemeinden der radikaleren Kongregationalisten bildete, wurde im 19. und 20. Jahrhundert auf unterschiedliche Weise in den evangelischen Kirchen des Kontinents nachgeahmt. Ohne es recht zu wissen, stehen die evangelischen Kirchen in Deutschland mit ihren in der Öffentlichkeit kaum bekannten, innerbetrieblich aber einflussreichen Kirchenkreisen dem Presbyterianismus eines John Knox inzwischen viel näher als dem landesherrlichen Kirchenregiment eines Martin Luther. Was die kirchliche Struktur angeht, sind die deutschen Protestanten also heute längst Schotten – ohne die Kirchenzucht allerdings, die für Knox unverzichtbar war.

63. Warum verlief die Reformation in Skandinavien so geräuschlos? Ganz ohne Konflikte ging es auch im hohen Norden nicht ab. Aber im Vergleich zum Rest Europas wurde die Reformation in Skandinavien schon früh und reibungslos eingeführt: 1527 in Schweden, 1536 in Dänemark und in dem mit ihm verbundenen Norwegen. Es waren Königsreformationen – von der Obrigkeit befohlen, durchgeführt als konsequente Verstaatlichung der Kirche, unter Beibehaltung aller traditionell-katholischen Formen, also mit stark konservativem Gepräge. Sehr viel mehr gibt es hierüber eigentlich nicht zu berichten.

64. Warum wäre Polen beinahe evangelisch geworden? Heutigen Westeuropäern erscheint Polen als ein lupenrein katholisches Land. Wenig wird wahrgenommen, wie sich heute in den westlichen Landesteilen eine schnelle Säkularisierung vollzieht. Noch weniger ist bekannt, dass im 16. Jahrhundert der Protestantismus großen Einfluss besaß. Im Adel und unter der deutschstämmigen Bevölkerung hatte die lutherische Reformation viele Anhänger. Unter dem Einfluss italienischer Religionsflüchtlinge breitete sich auch der Calvinismus aus. Sogar radikale Abweichler wie die Antitrinitarier oder die Böhmischen Brüder konnten eigene Gemeinden bilden. Zur polnischen Pluralität trugen auch die Juden und die russisch-orthodoxen Christen bei. Möglich war diese Vielfalt, weil die Zentralregierung schwach war. Das Wiedererstarken des Königtums und die Zerstrittenheit der Protestanten ermöglichte es den Jesuiten, Polen wieder umzudrehen und zu der katholischen Nation zu machen, die man heute zu kennen glaubt.

65. Wo liegt die Wiege der Toleranz? Man kann die Reformation nicht als Geburtsstunde des modernen Toleranzgedankens feiern. Auch wenn sie auf ihre Weise für Glaubensfreiheit gekämpft hat, waren die lutherischen und calvinistischen Reformatoren dennoch unduldsam, wenn sich in ihren Gebieten Abweichler organisierten. Hätte man anderes von ihnen erwarten können? Für gewöhnlich lässt man die Zeitrechnung der modernen Toleranz deshalb erst mit der Amerikanischen und der Französischen Revolution (die allerdings ganz neue Intoleranzen schufen) beginnen, also mit dem ausgehenden 18. Jahrhundert. Unbekannt ist, dass schon zweihundert Jahre zuvor, also mitten in der Reformationszeit, an zwei Orten die Religionstoleranz zum Gesetz wurde. Da sie aus deutscher Perspektive weit im Osten liegen, hat man sie nicht wahrgenommen.

Die eine vergessene Wiege der Toleranz stand in Ungarn. Dort war die katholische Kirche nach der Niederlage des Königreichs gegen die Osmanen diskreditiert. Die deutsche Minderheit hatte sich der lutherischen Sache angeschlossen, die ungarische Mehrheit der reformierten Seite. Auch die Radikalen verfügten über Einfluss: Da waren einerseits waldensische Flüchtlinge aus Italien, die viele Anhänger gewannen, da war andererseits ein hoher reformierter Würdenträger, der öffentlich die Trinitätslehre anzweifelte. 1568 wurde auf dem Landtag von Torda in Siebenbürgen eine beispiellose Regelung getroffen: «Pfarrer allerorten sollen das Evangelium nach ihrem Verständnis predigen. Wenn die jeweilige Gemeinde das zu akzeptieren bereit ist, gut; ist das jedoch nicht der Fall, dürfen sie niemanden mit Gewalt zwingen, falls ihre Seele keinen Frieden findet, sondern einen Pastor wählen, dessen Lehre der Gemeinde genehm ist. Es ist niemandem erlaubt, einem anderen wegen dessen Lehre mit Kerker oder Bann zu drohen, denn der Glaube ist ein Geschenk Gottes.» Damit waren nicht nur Katholiken, Lutheraner und Reformierte, sondern auch Täufer, Spiritualisten und Antitrinitarier zugelassen.

Dieser ungarische Weg wirkte nach Polen-Litauen, wo die zweite Wiege der Toleranz stand. Auch hier gab es unter den Deutschen viele Lutheraner. In Jan Laski (1499 bis 1560) hatten die Reformierten eine prominente Führungsfigur von europäischer Bedeutung. Allerdings waren die Anhänger der Reformation durch den Streit um die Trinitätslehre gespalten. Es gab also verschiedene Konfliktherde. Um sie abzukühlen, erließ die «Konföderation von Warschau» 1573 ein Toleranzedikt: «Da es in unserem Gemeinwesen nicht unerhebliche Meinungsverschiedenheiten in Glaubensdingen gibt, versprechen wir einander – um von vornherein in unserem Volk jeden schädlichen Zwist über diese Fragen zu vermeiden, wie wir ihn deutlich in anderen Reichen sehen –, für uns und unsere Nachkommen und für alle Zeiten, dass wir, die wir im Hinblick auf den Glauben unterschiedliche Überzeugungen hegen, Frieden untereinander wahren und nicht wegen eines anderen Glaubens oder eines Kirchenwechsels Blut vergießen und einander bestrafen durch Beschlagnahme von Eigentum, Entehrung, Haft oder Verbannung und keinen Richter oder sonstigen Repräsentanten der Obrigkeit bei einer derartigen Handlung unterstützen wollen.» So einfach hätte es sein können.

66. Wieso hat die Reformation die orthodoxen Kirchen gar nicht berührt? «Europa» sollte man nicht denken, ohne Osteuropa mitzubedenken. Doch das wichtigste religiöse Ereignis Westeuropas hatte auf die orthodoxen Kirchen Ost- und Südosteuropas keine Auswirkung. Man fragt sich, ob die Reformation in Russland oder Griechenland überhaupt wahrgenommen worden ist. Die Trennung von Weströmischem und Oströmischem Reich in der Spätantike, das eigenständige Weiterleben des Byzantinischen Reiches, die Zerstörung Konstantinopels durch die Kreuzritter, die Trennung der orthodoxen Kirchen von der Papstkirche im Mittelalter, die Unterwerfung vieler orthodoxer Völker durch das Osmanische Reich – all das schuf im Laufe der Jahrhunderte eine solche Fremdheit zwischen lateinischem Westen und orthodoxem Osten, dass die Orthodoxie von den Reformationen gänzlich unberührt blieb. Aber Europa ist eben nicht nur «Abendland».

67. Haben die Türken Luther geholfen? Kaiser Karl V. hatte nicht nur mit der Reformation im römisch-deutschen Reich zu kämpfen. Über lange Zeit verlangte ein Zwei-Fronten-Krieg gegen Frankreich und das Osmanische Reich seine ganze Aufmerksamkeit. 1521, vier Jahre nach dem Beginn der Reformation, nahm Sultan Suleiman II. Belgrad ein, fünf Jahre später konnte Ungarn erobert werden. Damit beherrschten die Türken den gesamten Balkan und besaßen einen ungehinderten Zugang zu Mitteleuropa. 1529 standen sie vor Wien und bedrohten eine wichtige Residenz der Habsburger. Karl musste seine ganze politische und militärische Kraft bündeln, um die Angriffe abzuwehren. Das hinterließ im Reich ein Vakuum, so dass sich die Reformation ausbreiten konnte. Wären die Türken nicht gewesen, hätte der Kaiser sie vielleicht im Keim ersticken können.

VII. Die katholische Reform

68. Warum sollte man für Kaiser Karl V. Respekt und Mitleid empfinden? Kaiser Karl V. hätte der erste echte Universalherrscher der Menschheitsgeschichte werden können und endete doch als tragische Figur. Wie kein Monarch vor ihm regierte er über ein Weltreich, das diesen Namen verdiente, weil in ihm die Sonne nicht unterging: Es erstreckte sich rund um den Globus von Europa über Südamerika und Ostasien bis zu Besitzungen im Indischen Ozean. Aber er konnte nicht verhindern, dass während seiner Herrschaft die Einheit des westeuropäischen Christentums unwiederbringlich zerbrach. Kaiser Karl V. (1500 bis 1558) brachte alle Voraussetzungen dafür mit, ein großer und erfolgreicher Staatsmann zu werden. Er war begabt und ernsthaft, klug und willensstark, zudem auf seine Weise ein frommer Christ. Mit einer Konsequenz, die auch Protestanten beeindrucken muss, verfolgte er das Ziel, die Einheit des Christentums – unter seiner Führung – zu wahren. Dabei soll er in Momenten des Triumphs sogar Größe gezeigt haben. Davon zeugt diese Geschichte: Nach Luthers Tod hatten die kaiserlichen Truppen im Schmalkaldischen Krieg (1546 bis 1547) die Protestanten entscheidend geschlagen. Als Sieger zog der Kaiser in Wittenberg ein. Nun hätte er Luther aus seinem Grab in der Schlosskirche holen und das Ketzerurteil an ihm vollstrecken können – das wäre nichts Ungewöhnliches gewesen. Doch er entschied sich anders und ließ dem Feind die Totenruhe.

Das Kriegsglück blieb Karl nicht treu. Die Protestanten konnten sich behaupten, was 1555 im Augsburger Religionsfrieden vertraglich festgehalten wurde. Von nun an galt die Regel «Cuius regio, eius religio», «wessen Gebiet, dessen Religion». Ein Jahr später dankte Karl ab. Das war in etwa so erstaunlich wie der freiwillige Rücktritt Papst Benedikts XVI. im Jahr 2013, aber natürlich weltpolitisch folgenreicher. Karl zog sich in ein Kloster zurück und widmete seine letzten Lebensjahre der Meditation. Als er auf dem

Sterbebett lag, war sein letzter Trost ein schlichtes Kruzifix. Sein Seelsorger, der Dominikanerpater und Erzbischof von Toledo Don Bartholomé Carranza, hatte ihn eine einfache Christusfrömmigkeit gelehrt, die «der Solus-Christus-Lehre seines Wittenberger Widersachers sehr ähnlich sah» (Heinz Schilling). Erzbischof Carranza musste sich deswegen später vor einem kirchlichen Tribunal verantworten.

69. Warum hatte die Reformation in Italien keine Chance? Die reformatorischen Kräfte aus dem Norden Europas durften kaum darauf rechnen, südlich der Alpen Anklang zu finden. Die Papstkirche verschaffte den Italienern einen Vorrang vor anderen europäischen Völkern. Warum hätten sie ihn aufgeben sollen? So blieb reformatorisches Gedankengut auf kleine geistesaristokratische Zirkel beschränkt. Einem von diesen, dem spirituellen Freundeskreis um Vittoria Colonna, gehörte übrigens Michelangelo an. Doch nachdem 1542 die Römische Inquisition gegründet worden war, wurden diese Gruppen schnell gesprengt, vernichtet oder vertrieben. Damit sich keine neuen bilden konnten, wurden die landessprachlichen Bibeln vernichtet und neue Übersetzungen verhindert. Zwischen 1567 und 1773 wurde auf der Apenninen-Halbinsel nicht eine einzige italienische Bibel gedruckt. Damit folgte man päpstlicher Weisung: Papst Paul V. soll einmal wütend ausgerufen haben: «Wisst Ihr denn nicht, dass es die katholische Religion zerstört, wenn die Leute so viel in der Bibel lesen?»

70. Wer war der liebenswürdigste Katholik der Reformationszeit? Die mächtigsten Protagonisten der katholischen Partei im 16. Jahrhundert ergeben zusammen eine Galerie besonders scheußlicher Gestalten: der Ablassprediger Tetzel zum Beispiel oder der Herzog von Alba. Doch soll man sich vom Blick auf korrupte und machtgierige Päpste und Kardinäle oder auf ruchlos-gewalttätige Kaiser und Könige nicht den Sinn dafür trüben lassen, dass es in dieser Zeit auch viele freundlich-fromme Katholiken gab, verantwortungsbewusste Seelsorger, inspirierte Theologen und engagierte

Mönche. Nur durch blanke Gewalt wäre die katholische Kirche nicht am Leben zu halten gewesen. So gab es im Italien der 1520er und 1530er Jahre einen vitalen Aufschwung ernsthafter und anziehender Frömmigkeit, von dem viele Ordensgründungen zeugen: zum Beispiel die Theatiner, die Somasker, die Barnabiten, die Priaristen, die Kapuziner, die Ursulinen oder die Barmherzigen Brüder.

Der sympathischste Ordensgründer dieser Zeit war Philipp Neri (1515 bis 1595). Er besaß eine besondere Gabe, Menschen um sich zu versammeln. Abseits der großen Kirchen besorgte er sich einen kleinen Gebetsraum, ein «oratorio». Hierher lud er alle ein, die mit ihm in der Bibel lesen und sich über das Gelesene austauschen wollten. So kam man zusammen, studierte die Heilige Schrift, las einander Heiligengeschichten vor, hörte Vorträge, versenkte sich in geistliche Übungen, half Kranken, Armen und Pilgern, hörte und spielte Musik – alles in der Sprache des Volkes. Es müssen fröhliche Veranstaltungen ohne alle klerikale Düsternis gewesen sein. Neri liebte die italienischen Volkslieder und wollte sie für die Erbauung seiner Versammlungen nutzen. So entstand bei den Oratorianern langsam eine neue kirchenmusikalische Gattung: das Oratorium, das biblische Geschichten nacherzählt und vorsingt. Etwa einhundertfünfzig Jahre später erreichte diese Erfindung ihren Höhepunkt bei Johann Sebastian Bach. Wer dessen Matthäuspassion oder das Weihnachtsoratorium hört, sollte daran denken, dass diese bedeutendsten Werke evangelischer Kirchenmusik ihren Ursprung in einer kleinen Frömmigkeitsbewegung im Rom der katholischen Reformation hatten.

71. Warum konnten reformatorische Gedanken auch in Spanien nicht Fuß fassen?

Besonders schnell wurde man mit denen, die sich von der Reformation inspirieren ließen, in Spanien fertig. Das lag nicht nur daran, dass es so wenige waren, sondern vor allem daran, dass hier mit der Spanischen Inquisition ein eingespielter Unterdrückungsapparat bereitstand. Er hatte seine Effizienz schon in der Verfolgung von zwangsgetauften Muslimen und Juden erwiesen. Das Spanien des 16. Jahrhunderts war noch von einem lebendigen Kreuzrittertum geprägt. Erst 1492 war die Reconquista, die Rückeroberung der Iberischen Halbinsel von den Muslimen, beendet worden. In der Folge war ein geschlossener Einheitsstaat, eine imperialistische und absolute Monarchie, errichtet worden. Ihr Fundament bildete ein strenges, fast militantes katholisches Staatskirchentum. Alte Rechte und Freiheiten wurden konsequent abgestellt, die Kleriker und Mönchsorden auf strikte Disziplin eingeschworen. In dieser «iberischen Reformation vor der Reformation» (Diarmaid MacCulloch) konnte eine sehr ernsthafte Frömmigkeit gedeihen – arm und asketisch, aber auch mystisch durchglüht und poetisch hochbegabt (man denke an die Mystikerin Teresa von Ávila oder an Johannes vom Kreuz). Abweichler wurden jedoch nicht geduldet.

Besonders misstrauisch wurden die «conversos» und «moriscos», die getauften Juden und Muslime, beäugt. Ob sie nicht doch weiterhin heimlich ihren alten Glauben pflegten? Dies zu überprüfen und zu unterbinden war die Aufgabe der Inquisition. Sie unterstand der Befehlsgewalt des Königs und entwickelte sich zu einer mächtigen, schrecklichen, umfassenden und erfolgreichen Verfolgungsbürokratie, die auf die Totalitarismen des 20. Jahrhunderts vorausverweist. Ein allgegenwärtiges Spitzelwesen überwachte die Bevölkerung, unerlaubte Gesinnungen oder Lebensformen wurden ausgeforscht und sofort verfolgt. Bücher wurden verbrannt, Verdächtige gefoltert, vertrieben, in Haft genommen, zum Galeerendienst gezwungen und getötet. Letzteres geschah nicht im Verborgenen, sondern wurde groß in der Öffentlichkeit zelebriert. Das Autodafé – übersetzt «Akt des Glaubens» – war Volksfest und staatlich angeordneter Religionsterror in einem: Vor manchmal bis zu 100 000 Zuschauern wurden die Verurteilten nach prächtigen Prozessionen in einem Schauprozess verurteilt und verbrannt.

Allerdings hat die Inquisition – so schrecklich sie war – auch eine Modernisierung des Rechtswesens bewirkt. Sie gehorchte ja einer durchaus konsequenten «Rationalität». Es ist zumindest bemerkenswert, dass die Länder, in denen die Inquisition herrschte, vom Hexenwahn, der im 16. und 17. Jahrhundert in vielen, auch protestantischen Teilen Europas wütete, eher verschont blieben.

Als religiös strengstes Land und als koloniales Imperium wurde Spanien zur Führungsmacht der katholischen Welt. Von hier aus wurden die Gegenreformation koordiniert und die Kämpfe in den Niederlanden, Schottland oder England geführt.

72. Was verbindet Ignatius von Loyola mit Luther? Es bleibt manchmal nicht aus, dass selbst die größten Gegensätze durch eine untergründige Übereinstimmung verbunden sind. Kein größerer Gegensatz ist in der Reformationszeit denkbar als der zwischen Martin Luther, dem Reformator, und Ignatius von Loyola, dem «Soldaten der Kirche» (Ludwig Marcuse). Der eine stritt für die Befreiung des Glaubens von klerikaler Bevormundung, der andere für die Wiederaufrichtung eines unbedingten Gehorsams gegenüber Papst und Kirche. Der eine initiierte die Reformation, der andere gründete die Gesellschaft Jesu, den Jesuitenorden, der zur Speerspitze der katholischen Reformation wurde, die früher gerne auch «Gegenreformation» genannt wurde.

Und doch gibt es eine wichtige Ähnlichkeit. Sie betrifft den Ausgangspunkt der beiden. Ignatius von Loyola (1491 bis 1556) hatte geplant, eine Karriere als Soldat und Höfling zu durchlaufen. Doch bei einer Schlacht erlitt er 1521 eine schwere Verwundung. Dieser äußere Lebensbruch wurde ihm zu einer inneren Lebenskrise und Lebenswende. Nach langer quälender Genesungszeit entschloss er sich, seine militärischen Träume ins Christliche zu wenden und ein Ritter Christi zu werden. So konnte er die tiefe innere Beunruhigung über die eigene Sündhaftigkeit und Gottverlorenheit überwinden, eine erstaunliche religiöse Aktivität entfalten und zum wichtigsten katholischen Reformator werden.

Luther und Ignatius wurden von der Sehnsucht nach persönlicher Gewissheit der Sündenvergebung angetrieben. Beiden waren die herkömmlichen Tröstungen der Kirche nicht genug. Aber Ignatius zweifelte am Ende nie an der Macht des Priesters, Sünden zu vergeben. Die Ausgangskrisen waren bei beiden ähnlich, ihre Bewältigungen und damit ihre Folgen aber doch verschieden. Das zeigt sich vor allem im Gegensatz von reformatorischer Freiheit und jesuitisch-katholischem Gehorsam: Für Ignatius gehört die Unterordnung unter die kirchliche Hierarchie zum Kern des Glaubens – «Ich glaube, dass das Weiße, das ich sehe, schwarz ist, wenn die Hierarchische Kirche es so definiert», ist einer seiner berühmt-berüchtigten Sätze –, während für Luther die Ablehnung der päpstlichen Autorität die Folge seines Glaubens war.

73. Was war das Erfolgsgeheimnis der Jesuiten? Ignatius von Loyola war zweifellos ein religiöser Virtuose, darin durchaus «mittelalterlich», aber auf eine Weise, die ihn auch «modern» erscheinen lässt: «Wir blicken in eine Seele, die jede ungewöhnliche Gemütsbewegung als Geisterwerk, jeden ungewöhnlichen Sinneseindruck als Wunder betrachtet. Ein Mystiker und Visionär steht vor uns, aber doch ein Visionär von ganz besonderer Art, ein Visionär, der es versteht, das Walten seiner Phantasie der Disziplin eines eisernen Willens und der Kontrolle eines außerordentlich scharfen Verstandes zu unterwerfen. Weit mächtiger als die Phantasie ist somit bei diesem Visionär der Wille und der Verstand» (Heinrich Böhmer). Als mystisch-militärischer Seelenführer gelang es Ignatius, Jünger um sich zu scharen und mit ihnen einen Mönchsorden neuen Typs zu formen, die «Societas Jesu», deren Ziel es war, einem bisher unbekannten, unbedingten Gehorsam gegenüber dem Papst und seiner Macht Geltung zu verschaffen. 1540 wird der Jesuiten-Orden vom Papst bestätigt. Sein Erfolg beruht zum einen auf der Tiefe und Wirksamkeit der ignatianischen Psychologie und Menschenführung, zum anderen auf seiner herausragenden militär-ähnlichen Organisation. In unerbittlicher Konsequenz widmeten sich die Jesuiten ihrem großen Ziel, die Heiden zu bekehren, die Ketzer zu bekämpfen und die universale Alleinherrschaft des Papsttums aufzurichten. Mit einer klug differenzierten Strategie versuchten sie, die Gesellschaften von oben bis unten zu durchdringen. Um Einfluss auf die jeweiligen politischen Spitzen zu gewinnen, bemächtigten sie sich der fürstlichen Beichtstühle. So konnten sie aus dem Dunkel der vertrauten Seelsorge heraus politisch wirken. Um die Oberschichten auf ihre Seite zu ziehen, gründeten sie für deren Nachwuchs Schulen und Universitäten. Die Bildung der zukünftigen Eliten wurde somit einer ihrer Schwerpunkte. Um die breiten Volksmengen in Europa, aber auch in den neuentdeckten Ländern Asiens, Afrikas und Amerikas für die katholische Kirche zu gewinnen, entfalteten die Jesuiten eine geschickte Propaganda. Sie setzten vor allem auf die Kraft der Bilder und theatralische Überwältigungseffekte: prächtige Prozessionen, Heiligen- und Reliquienkult, Wunderglauben.

Zeitweise konnten die Jesuiten weite Teile Europas von der Reformation zurückerobern und in Übersee spektakuläre Missionserfolge verbuchen. Doch lag in diesem Erfolg ein Keim des späteren Niedergangs. Vor allem in katholischen Ländern regte sich Widerstand gegen die Macht der Jesuiten, ihr manipulatives Vorgehen und ihre Freiheitsfeindlichkeit. Verschwörungstheorien – berechtigte und unberechtigte – gegen sie blühten auf und konnten sich bis ins 20. Jahrhundert halten. Im Laufe des 18. Jahrhunderts wurde der Orden in den katholischen Ländern verboten und schließlich 1773 vom Papst selbst aufgehoben. Erst zu Beginn des 19. Jahrhunderts wurde er wieder zugelassen und konnte seine Führungsstellung zurückerobern. Reaktionäre und durchaus lichtscheue Repräsentanten des Ordens waren wesentlich daran beteiligt, dem Vatikan einen strikt modernitätsfeindlichen Kurs zu verordnen und die Autorität des Papstes ins Unendliche zu steigern. Der General der Jesuiten galt als «Schwarzer Papst», der hinter den Kulissen den Papst steuert. Das Dogma von der Unfehlbarkeit des Papstes ist 1870 wesentlich von Jesuiten formuliert worden. Es ist eine List der Geschichte oder – wenn man will – ein überraschendes Wirken göttlicher Fügung, dass mit Papst Franziskus erstmals ausgerechnet ein Jesuit «Weißer Papst» geworden ist und dem Vatikan und der römischen Kurie einen höchst provokativen Kurs der Öffnung und Liberalisierung verordnet hat.

74. Ist die katholische Kirche der Neuzeit ein Kind der Reformation? Früher fasste man all die Bemühungen der katholischen Seite, die Reformation zurückzudrängen, unter dem Begriff «Gegenreformation» zusammen. Das tut man nicht mehr, weil dadurch die eigene kreative Kraft dieser Bewegung, nämlich die theologische, spirituelle und organisatorische Neugestaltung der katholischen Kirche nicht angemessen beschrieben wird. Sie ist einerseits eine eigenständige Bewegung, weil sie auf originelle Weise vorreformatorische Traditionen zu beleben und für die eigene Gegenwart neu zu formen versucht. Sie ist andererseits eine abhängige Reaktion, weil sie durchgängig negativ auf die protestantische Reformation bezogen ist, als deren Spiegelbild sie nur von ihr her zu verstehen ist. Die Gegenreformation, besser gesagt die katholische Reform, ist insofern auch ein Kind der Reformation.

Der Geburtsort der katholischen Reform war das Trienter Konzil. Es tagte in langen und lange unterbrochenen Sitzungen von 1545 bis 1563. Hier erfand sich die katholische Kirche neu, nämlich als antireformatorische Konfessionskirche. Im kritischen Gegenüber zur protestantischen Reformation brachte sie ihre Lehren auf eine einheitliche Linie, schaffte die spätmittelalterliche Vielfalt der erlaubten Frömmigkeitsformen ab, vereinheitlichte die kultische Praxis, verschärfte die moralische Disziplin, straffte ihre Administration und befestigte die hierarchische Herrschaft des Papstes. Darin besitzt die katholische Reform einen betont rationalen und neuzeitlichen Charakter. Dieser kirchenamtliche Rationalismus hatte als Gegengewicht eine ausgesprochen gefühlsbetonte Frömmigkeit, die in fast provokativer Weise die Dinglichkeit und Bildlichkeit des Glaubens in den Mittelpunkt stellte: Sakramente, Mysterien, Reliquien, Heilige, Bilder, barocke Architektur, öffentliche Inszenierungen, Wunder. Die neue katholische Kirche wollte sich eben als eine echte Alternative präsentieren. Vermittelnde Kräfte hatten es von da an schwer. Zwar gab es auch weiterhin Vertreter eines humanistischen, liberalen Katholizismus, aber sie blieben eine Minderheit, die von der offiziellen Geschichtsschreibung oft übersehen wird.

VIII. Die kulturelle und gesellschaftliche Bedeutung der Reformationen

75. Hat die Reformation den christlichen Glauben arm und hässlich gemacht? Man muss unterscheiden zwischen katholischer Kirche und Katholizismus, zwischen der Institution und der Frömmigkeit. Auch wenn man Papsttum, Priesterherrschaft und Ablass ablehnt, kann man sich als religiös musikalischer Mensch zum Katholizismus hingezogen fühlen, weil er Dinge bereithält, die schön sind, einen rituellen Reichtum besitzen und der persönlichen Erbauung dienen. Da ist zum Beispiel der katholische Sinn für die Form des Gottesdienstes, die ernste Freude am heiligen Spiel, das jahrhundertelang eingeübte Stilbewusstsein für die Inszenierung des Mysteriums. Da ist der Sinn für heilige Orte und Zeiten, die aus der Kirche einen Anderort und aus dem Gottesdienst eine Anderzeit machen. Beides ermöglicht eine besondere religiöse Konzentration und Erhebung. Dieser Sinn braucht sinnliche Nahrung: heilige Handlungen wie die Sakramente, heilige Gegenstände wie das Tabernakel, das Reliquiar, das ewige Licht, prachtvolle Gewänder für das Kultpersonal, Bilder für die Augen und Weihrauch für die Nase. Der katholische Sinn gestaltet nicht nur den ausgegrenzten heiligen Raum, sondern auch die gewöhnlichen Lebensorte des Privaten und des Öffentlichen. Er führt zu einer feinsinnigen Rhythmisierung des Jahres durch Fasten- und Festzeiten, die sowohl die Häuser der Familien wie die Plätze der Dörfer oder Städte verwandeln. All dies ist mehr als Hokuspokus und Brimborium, sondern eine besondere Gestaltung des Glaubens – ästhetisch beeindruckend und psychologisch klug.

Mit alldem hat die Reformation Schluss gemacht. Besonders konsequent waren die Schweizer Reformierten sowie die radikalen Kräfte der Reformation. Die Lutheraner waren entspannter, ließen vieles wie Messgewänder, Beichtstühle, Altäre und Orgeln in Gebrauch, nahmen ihnen jedoch ebenso konsequent ihre sakrale

Qualität. Mit einem Schlag wurde das europäische Christentum entkleidet, ausgenüchtert, entzaubert, versachlicht. Der Glaube sollte sich von nun an nur noch an sich selbst entzünden und nicht mehr abhängig sein von vermeintlich heiligen Dingen. Was er an Sakralität verlor, sollte er an Profanität gewinnen: Das heißt, dass der Glaube nicht mehr vor allem in der Kirche und im Gottesdienst ausgelebt werden sollte. Ebenso wichtig für ihn wurde das gewöhnliche Leben in Familie und Beruf. Der Protestantismus gab dem christlichen Glauben eine neue Weltzugewandtheit, Vernünftigkeit, aber auch Innerlichkeit. Er ließ ihn jedoch auch unruhiger, unsicherer und unsichtbarer werden. Wer hat nun mehr oder weniger, ist ärmer oder reicher, freier oder gebundener, unansehnlicher oder schöner? Das wird man je nach religiösem Charakter unterschiedlich beantworten.

76. Woran erkennt man die Unterschiede zwischen Protestanten und Katholiken?
Im Rijksmuseum zu Amsterdam findet sich ein Bild, das die Unterschiede zwischen den Konfessionen polemisch auf den Punkt bringt. Es ist schön, dass man es heute mit einem ironischen Lächeln betrachten kann: *Die Seelenfischerei* von Adriaen van de Venne aus dem Jahr 1614.

Ein breiter Strom teilt das Bild in zwei Hälften. Auf der linken Seite finden sich die frommen, in schlichtes Schwarz gekleideten Reformierten. Drei hohe grüne Bäume signalisieren Fruchtbarkeit. Auf der rechten Seite sieht man die Katholiken, im Vordergrund einige besonders seltsame Gestalten, im Hintergrund wird ein Papst in langer Prozession herangetragen. Ein dürrer Baum signalisiert Verfall. Von beiden Ufern aus fahren Boote auf den Strom, um Ertrinkende zu retten. Die katholischen Boote sind überladen: mit Weihrauch verbreitenden Priestern in farbigen Gewändern, singenden Mönchschören, Instrumentalensembles und sogar einer Orgel. All diese ästhetischen Reize fehlen auf den Booten der Reformierten. Die schwarzen Seenotretter haben ausschließlich ihre Bibeln zu bieten. Die Wertung des Bildes ist eindeutig. Unklar aber bleibt, welche Seite am Ende mehr Seelen fischen wird.

Wer fischt die meisten Seelen? Adriaen Pietersz. van de Venne malte im
17. Jahrhundert die konfessionellen Unterschiede.

77. Warum war die Reformation auch eine musikalische Bewegung? Die Reformatoren nutzten viele Medien: Neben Büchern und Flugschriften waren dies ganz besonders Lieder. Die Mehrheit der Menschen konnte damals noch nicht lesen. Aber Lieder lernen und singen konnte jeder. Deshalb war die Reformation auch die erste große Liedbewegung der Neuzeit. Es waren nicht zuletzt Choräle, Balladen und Psalmlieder, welche die neue Lehre bekannt machten. Ein papsttreuer Zeitgenosse bemerkte übelgelaunt: «Es ist äußerst zu verwundern, wie sehr diejenigen Lieder das Luthertum fortgepflanzt haben, die in deutscher Sprache haufenweise aus Luthers Werkstatt geflogen sind und in Häusern und Werkstätten, auf Märkten, Gassen und Feldern gesungen wurden.» In dieser Aufzählung fehlen bezeichnenderweise die Kirchen. Denn die wichtigsten Umschlagplätze waren die Orte des alltäglichen Lebens. Übrigens hatte der altgläubige Beobachter vergessen, die Wirtshäuser zu erwähnen. Hier kamen Reisende und Einheimische zwanglos zusammen und sangen die neuen Lieder, die auf Flugschriften gedruckt an die Wand genagelt waren. Diese Lieder waren immer auch Waffen im städtischen Meinungsgetümmel. Ganz direkt wurden sie als Instrumente kommunikativer Gewalt eingesetzt. Mit ihnen wurden nichtreformatorische Prediger von ihren Kanzeln heruntergesungen, Prozessionen gestört, das Fasten gebrochen, Kirchen gestürmt und Bilder gestürzt. Man muss sich die Reformation also auch als eine musikalische Guerillabewegung vorstellen.

Die Kraft, die Signalwirkung, die Innigkeit, aber auch die Aggressivität reformatorischer Choräle kann man besonders eindrücklich bei Luthers Psalmlied *Ein feste Burg* (1529) beobachten. Wenn man sich an die beständige Todesgefahr erinnert, in der Luther und seine Anhänger standen, spricht aus diesem Lied ein ungeheuerliches Gottvertrauen, ein erstaunlicher Trotz, es mit Tod und Teufel und allen bösen Mächten aufzunehmen, ausgestattet nur mit den friedlichen Waffen des Glaubens, der alleinigen Ausrichtung auf das Wort Gottes.

> Ein feste Burg ist unser Gott,
> ein gute Wehr und Waffen.
> Er hilft uns frei aus aller Not,
> die uns jetzt hat betroffen.
> Der alt böse Feind
> mit Ernst er's jetzt meint;
> groß Macht und viel List
> sein grausam Rüstung ist,
> auf Erd ist nicht seinsgleichen.

> Mit unsrer Macht ist nichts getan,
> wir sind gar bald verloren;
> es streit' für uns der rechte Mann,
> den Gott hat selbst erkoren.
> Fragst du, wer der ist?
> Er heißt Jesus Christ,
> der Herr Zebaoth,
> und ist kein andrer Gott,
> das Feld muss er behalten.

Und wenn die Welt voll Teufel wär
und wollt uns gar verschlingen,
so fürchten wir uns nicht so sehr,
es soll uns doch gelingen.
Der Fürst dieser Welt,
so sau'r er sich stellt,
tut er uns doch nicht;
das macht, er ist gericht':
ein Wörtlein kann ihn fällen.

Das Wort sie sollen lassen stahn
und kein' Dank dazu haben;
er ist bei uns wohl auf dem Plan
mit seinem Geist und Gaben.
Nehmen sie den Leib,
Gut, Ehr, Kind und Weib:
Lass fahren dahin,
sie haben's kein' Gewinn,
das Reich muss uns doch bleiben.

Zur Geschichte dieses Liedes, der *Marseillaise* der Reformation, gehört jedoch auch, dass es nicht viel brauchte, um diesem Gottvertrauen und Glaubenstrotz angesichts von Verfolgung und Todesgefahr eine hochaggressive Wendung zu geben. Im 19. und frühen 20. Jahrhundert wurde *Ein feste Burg* als Kampf- und Kriegslied gegen alles Nichtdeutsche missbraucht.

78. Weshalb wurde in den reformierten Kirchen nicht gesungen?

Jenseits aller theologischen und politischen Gegensätze befremdeten die Reformierten die Lutheraner (und die Katholiken) vor allem dadurch, dass es in ihren Gottesdiensten keine Musik gab. Es wurde keine Orgel gespielt, von anderen Instrumenten ganz zu schweigen, und es wurde nicht gesungen. Aber ist das Musizieren nicht eine elementare Lebensäußerung des Glaubens? Das Rätsel wird noch größer, wenn man bedenkt, dass Calvin und vor allem

Zwingli viel von Musik verstanden haben. Natürlich war Calvin ein strengerer Herr als Luther. Ein Musik- und Kulturfeind war er aber keineswegs. Und Zwingli war hochmusikalisch, ein hervorragender Sänger, Instrumentalist und Komponist. Dennoch duldete er keine Musik im Gottesdienst. Der eine religiöse Grund war, dass andächtige Stille und ruhige Ehrfurcht vor der Majestät Gottes für ihn den Inbegriff von Erbauung bildeten. Liturgische Gesänge oder Gemeindelieder hätten da nur gestört. Der zweite religiöse Grund war, dass alles im Gottesdienst biblisch begründet sein sollte. Und von Orgel, Messmusik oder Gemeindechorälen war in der Heiligen Schrift nichts zu lesen. Der ästhetische Grund war, dass ein schlechter Gemeindegesang Zwinglis Geschmack verletzte. Das «Geschrei von den Menschen» war ihm zuwider. Der moralpädagogische Grund war, dass die Musik eine eigne Macht darstellt, die theologisch schlecht zu kontrollieren ist. Vor allem Calvin war die Musik nicht ganz geheuer: «Es ist wahr, dass jedes schlechte Wort gute Sitten verdirbt. Aber wenn die Melodie dazukommt, so dringt es noch viel tiefer ins Herz und geht ein, wie durch einen Trichter der Wein in ein Gefäß gegossen wird. Ja, das Gift und die Verderbnis wird ins Innerste der Seele eingeträufelt durch die Melodie.»

Es ist aber ein dummes, wenn auch langlebiges Klischee, dass die Schweizer Reformation antimusikalisch gewesen wäre. Zum einen führte sie zu einem ungeahnten musikalischen Aufschwung an anderen Orten: In den Schulen, Wohnhäusern und öffentlichen Räumen Genfs oder Zürichs wurde viel musiziert. Die Reformation hat das Verhältnis von Kirche und Alltagswelt neu bestimmt. Das christliche Leben sollte sich nicht mehr in sakralen Sonderbereichen vollziehen, sondern im profanen Leben: in den Familien, im Beruf, in der städtischen Öffentlichkeit. Und dieses Leben war von Musik so durchdrungen, dass man sie im Gottesdienst fast gar nicht vermisste. Dem Verlust an Kirchenmusik entsprach eine Zunahme an profan-geistlicher Haus-, Schul- und Stadtmusik.

Zum anderen schuf die reformierte Reformation einen neuen Typus christlicher Musik: den Psalmengesang. Diese Lieder wurden so geliebt, dass sie sich auch im Gottesdienst ein Heimatrecht erstritten. Nachdem diese Lieder zunächst nur von Chorschülern vor dem Gottesdienst und zum Abschluss des Gottesdienstes gesungen wurden, stimmte schließlich die Gemeinde im Gottesdienst selbst mit ein. Dabei wurde sie lange von einem Vorsänger angeführt – nicht von einer Orgel, diese kam erst im 19. Jahrhundert hinzu. Die Gemeinden brachten es mit der Zeit zu erstaunlicher Meisterschaft. So berichtet es der deutsche Komponist und Musikkritiker Johann Friedrich Reichhardt Ende des 18. Jahrhunderts nach einem Besuch in Zürich: «Nie hat mich etwas so durchdrungen, als der vierstimmige Kirchengesang. Die ganze Gemeinde singt die bei den Reformierten gewöhnlichen Psalmmelodien vierstimmig nach Noten, die in den Liederbüchern neben den Versen gedruckt sind. Mädchen und Knaben singen den Discant, Erwachsene den Alt und die Älteren und alten Männer den Tenor und Bass: Man kennt die Würde und Kühnheit einiger Psalmmelodien in den alten Kirchentonarten, die wurden ziemlich rein intoniert, oft, wie es nur sein kann, wenn die Gesänge gleich früh in den Schulen gelehrt und danach durch das ganze Leben auch außerhalb der Kirche bei häufigen Anlässen gesungen werden. So ist es wirklich in der Schweiz. Sehr oft, wenn ich bei Landleuten auf dem Feld und in den Schenken nach alten echten Volksliedern suchte, bekam ich einen vierstimmigen Psalm zu hören. Wer nur unsern ‹lutherischen› gewöhnlichen so unreinen kreischenden einstimmigen Kirchengesang kennt, wird sich kaum eine Vorstellung von der Würde und Kraft eines solchen vierstimmigen von vielen hundert Menschen jedes Alters angestimmten Kirchengesanges machen können.»

79. Warum hat die Reformation so wenige Schriftsteller inspiriert? Nicht leicht zu deuten ist dieser Widerspruch: Einerseits entfaltete Luther eine ungeheure Wirkung auf die Entwicklung der deutschen Sprache und der deutschen Literatur, andererseits gibt es fast keine literarischen Werke von Rang, die sich mit ihm befassen. Sein Sprachgenius und sein Innerlichkeitsindividualismus prägten über Jahrhunderte die Literatur, besonders der vielen, vielen schreibenden Pastorensöhne. Das reformatorische Kirchenlied, die neue Gebetssprache, die deutsche Bibel, aber auch die nicht nur zu verachtende Erbauungsliteratur sowie die pädagogisch genialen Katechismen haben in der deutschen Literaturgeschichte tiefe Spuren hinterlassen. Zudem bot Luthers Leben einen nicht geringen Fundus an erstaunlichen Begebenheiten und dramatischen Wendungen, die eigentlich danach riefen, in Balladen, Novellen, Romane oder Theaterstücke überführt zu werden. Aber außer einem Kurzauftritt in Kleists Novelle *Michael Kohlhaas* wurde erstaunlich wenig daraus. Woran mag das gelegen haben? War den Schriftstellern der Zugang zu Luther und seiner Geschichte durch den kirchlichen Lutherismus und den nationalprotestantischen Reformatorenkitsch versperrt? Oder ist Luther eine Gestalt von solcher Größe, Widersprüchlichkeit und Abgründigkeit, dass sie sich einer literarischen Darstellung entzieht?

80. Welche Folgen hatte die Reformation für die Architektur?

Luther hat sich wenig Gedanken darüber gemacht, welche äußere Form seine neue Kirche haben sollte. Für Sakralarchitektur hat er sich nicht interessiert. Wichtig war ihm nur, dass Kirchbauten nicht als heilige Räume angesehen werden, die von der profanen Alltagswelt ausgegrenzt sind. Sie sollten nur dann als heilig gelten, wenn in ihnen Heiliges geschieht, also das Evangelium gepredigt wird und die Gemeinde in der rechten Andacht betet und die Sakramente feiert: «Beten, Danken, Wort hören, ist der rechte Gottesdienst. Dazu brauchen wir keine besondere Kirche noch Tempel zu bauen, mit großer Kost und Beschwerung, und an keine Stätte noch Haus notwendig gebunden zu sein, sondern Gott gönnt uns die Freiheit, dass wir solches tun mögen, wenn, wo und wie oft wir können.» Da sie nun aber schon da waren, übernahm man die Kirchen von den «Altgläubigen» und räumte nur ein wenig um. Einige Bilder wurden entfernt, Nebenaltäre ihrer Funktion beraubt, ein Tabernakel brauchte man nicht mehr. Aber den Altar ließ man ebenso stehen wie die Beichtstühle.

Zwingli und Calvin waren strenger: kein Bild, kein Altar, keine

Orgel. Nicht einmal ein Kreuz sollte in ihren Kirchen hängen. An seine Stelle traten dagegen die zwei Tafeln der von Luther nicht so geschätzten Zehn Gebote. In der Diaspora konnten die Reformierten anders als die Lutheraner nicht die bisher altgläubigen Kirchen übernehmen, sondern mussten sich neue Häuser errichten. Sie wurden «temples» genannt, waren aber reine Zweckbauten. Der berühmteste ist der Pariser Hugenottentempel, der 1623 in Charenton gebaut wurde: ein großer, hoher und heller Versammlungsraum mit Bänken, Emporen und einer Kanzel – mehr brauchten die Reformierten nicht.

Die größte Innovation, die die Geschichte des Kirchenbaus dem Protestantismus verdankt, ist ein schlichter Einrichtungsgegenstand: die Bank. Auch wenn schon im Spätmittelalter vermehrt feste Sitzgelegenheiten in das Kirchenschiff eingebaut worden waren, so gewann die Bestuhlung der Kirche mit der Reformation grundsätzlich an Bedeutung. Das lag weniger an den langen Predigten, denen man im Sitzen besser folgen konnte als im Stehen. Wichtiger war ein soziales Motiv: Sitzen ist Macht. Wer sitzt, besitzt. In einer evangelischen Kirche sollte nicht nur der Kleriker einen Sitzplatz haben, sondern jeder Bürger, denn die Kirche sollte der Gemeinde gehören. Diese Gemeinde war identisch mit der Gesellschaft. Deshalb musste sich diese in der Kirche widerspiegeln. Eine freie Platzwahl war unter den damaligen ständischen Umständen unmöglich. Manche durften vorne sitzen, andere mussten hinten stehen. Das führte leicht zu Streitereien. Ehrgeizige Familien richteten sich kastenartige Gestühle ein, stellten sie auf Podeste, gaben ihnen feste Rückwände und hohe Baldachine, die den Hinteren die Sicht versperrten. Nicht selten wehrten sich diese, indem sie die Bänke der Vorderen in einem unbeobachteten Moment einrissen oder an die Seite schoben. Um des lieben Friedens willen mussten die Kirchenoberen einschreiten. Sie gewährten einerseits ein allgemeines Sitzrecht, fassten dieses aber in komplizierte Einzelgesetze. Das «Kirchstuhlrecht» wurde zu einer eigenen juristischen Disziplin. Man musste sich seinen Stuhl genehmigen, nummerieren, in ein Register eintragen lassen und dafür zahlen. Die Stuhl-Gebühren wurden zu einer wichtigen Einnahmequelle der Kirchen, zu Vorläufern der Kirchensteuern.

Der Protestantismus erfand zudem zwei neue christliche Gebäudetypen. Der eine war das Pfarrhaus. Der evangelische Pastor sollte verheiratet sein. Er konnte deshalb nicht mehr in einer Klosterklause oder einem anderen kirchlichen Nebenraum leben, sondern brauchte für sich und seine Familie ein eigenes Haus. Oft waren diese Pfarrhäuser mit Pfarrland verbunden, damit die Pastoren Vieh halten und Gemüse anbauen konnten. Mit der Zeit wurden sie zu Keimzellen bürgerlicher Kultur. Viele deutsche Geistesgrößen wuchsen in solch einem Haus auf, besonders im 18. Jahrhundert: Gotthold Ephraim Lessing etwa, Matthias Claudius, Jean Paul, Friedrich Schleiermacher oder Friedrich Schinkel. Aber nicht wenige Söhne und Töchter (und Ehefrauen) werden das Leben im Pfarrhaus auch als eine Überforderung erlebt haben, denn es war ein öffentlicher Ort mit besonderem Anspruch.

Der zweite neue Gebäudetyp kam erst gut vierhundert Jahre später hinzu: das Gemeindehaus. Es entstand gegen Ende des 19. Jahrhunderts, als Staat, Gesellschaft und Kirche sich voneinander zu trennen begannen. Jetzt, da die Kirche eine eigenständige Körperschaft wurde, brauchte sie einen eigenen Raum, in dem die Gemeinde sich versammeln konnte, wenn sie nicht in der Kirche Gottesdienst feierte. Das war in vormodernen Zeiten nicht nötig gewesen. Damals gehörten alle, die zur Gesellschaft zählten, auch zur Gemeinde. Um die Gemeinde als besondere Gruppe zusammenzubringen, übernahm man das Modell der bürgerlichen Vereinskultur und organisierte die Gemeinde mit Kinder-, Jugend-, Frauen- und Männerarbeit, Freizeitaktivitäten und Neigungsgruppen, der notwendigen Vereinsarbeit und den unvermeidlichen Vereinsquerelen. Für all das brauchte man ein kirchliches Vereinsheim, eben das Gemeindehaus.

81. Wieso arbeiten Protestanten so gern? Vor der Reformation galt im Christentum eine sogenannte Zwei-Stufen-Ethik. Auf der unteren Stufe lebten die normalen Laienchristen, die wegen ihrer weltlichen Existenz nur bedingt ein christliches Leben führen konnten: Die Fürsten mussten Gewalt ausüben und politische Verantwortung übernehmen, die Bürger mussten für ihren Gelderwerb Sorge tragen, die Bauern arbeiteten unablässig, ohne zur Besinnung zu kommen, die Frauen mussten schaffen und Kinder gebären. Ein konsequent christliches Leben ohne profane Geschäfte und Genüsse war ihnen allen nicht möglich. Über ihnen standen auf der zweiten Stufe die Priester und Mönche. Sie waren zu einem Leben der Reinheit und Besinnung berufen. Sie hatten einen geistlichen Beruf: ein Leben für das Gebet, in Armut, Genussverzicht und im Gehorsam.

Schon in der spätmittelalterlichen Stadtgesellschaft empfand das aufstrebende Bürgertum dies als ungerechte Zurücksetzung. Fromme Bürger reklamierten, dass auch sie zu einem wahrhaft christlichen Leben bestimmt waren. Diese Tendenz wurde in der Reformation aufgenommen und konsequent durchgesetzt. Dazu prägte sie – nach Vorbildern in der mittelalterlichen Mystik – das Wort «Beruf» um. «Beruf» bedeutete nicht mehr den Ruf aus der Gesellschaft hinaus und in das Kloster hinein. Vielmehr benannte es den profanen Ort, an den jeder Christ von Gott gestellt war und an dem er seiner christlichen Verantwortung gerecht werden musste: der Fürst, indem er gerecht, vernünftig und angemessen herrscht; der Bürger, der seine Familie ernährt und das Beste für seine Stadt sucht; der Bauer, der für die benötigten Lebensmittel sorgt; die Hausfrau, die sich um ihre Familie kümmert. Sie alle sind von Gott Berufene. Eine Grenze hat diese Berufsvorstellung aus heutiger Sicht, da sie keine freie Berufswahl oder individuelle Karriereplanung kannte. Eine Selbstverwirklichung im Beruf war in der damaligen Ständegesellschaft nicht denkbar. Aber eine erhebliche Aufwertung des normalen Lebens war mit diesem neuen Berufsgedanken dennoch verbunden: «Ist es nicht ein trefflicher Ruhm, das zu wissen und zu sagen, dass, wenn du deine tägliche Hausarbeit tust, es besser ist als alle Heiligkeit der Mönche und ihr strenges Leben?» (Martin Luther) Oder in Calvins Worten: «Der Herr befiehlt einem jeglichen von uns, bei allen Handlungen des

Lebens auf seine Berufung zu schauen. Dazu hat er durch verschiedene Gattungen des Lebens einem jeglichen seine Pflichten verordnet. Und hat, damit keiner leichtfertig seine Grenzen überspringe, solche Gattungen des Lebens Berufungen genannt. Für die Einzelnen ist daher ihre Gattung des Lebens gleichsam ein vom Herrn angewiesener Posten, auf dass sie nicht leichtfertig auf der ganzen Bahn des Daseins sich herumtreiben.» Das deutlichste Zeichen der reformatorischen Arbeitsfreude war, dass viele der Heiligen-, Marien- und anderen Feiertage abgeschafft und zu Arbeitstagen umdefiniert wurden. Hieran kann man heute immer noch protestantisch geprägte von katholischen Landesteilen unterscheiden.

82. Warum haben die Reformatoren das Betteln verboten? Die Reformation war auch ein soziales Vorhaben. Sie beendete die alte Fürsorge der Klöster und führte neue Formen der Armenfürsorge ein. Dabei war sie ebenso barmherzig wie streng. Das mittelalterliche Almosenwesen wurde beendet: Das Almosengeben galt nicht mehr als religiöse Pflicht, und die Bettelei wurde nicht mehr religiös überhöht, sondern vielerorts verboten. Stattdessen sollten die Notleidenden zu Arbeit und Selbsthilfe befähigt und genötigt werden. Bildung und Beruf sollten den Zugang zur Gesellschaft eröffnen: «Von der Arbeit stirbt kein Mensch, aber vom Ledig- und Müßiggehen kommen die Leute um Leib und Leben; denn der Mensch ist zur Arbeit geboren wie der Vogel zum Fliegen.» (Luther)
Eine soziale Arbeit im heutigen Sinn haben die Reformatoren noch nicht begonnen. Dafür fehlten die Voraussetzungen. Zwar haben sie mit ihren neuen Kirchenordnungen auch dem Sozialwesen eine Grundlage verschafft. So wurde an vielen Orten ein «Gemeiner Kasten» eingeführt, in den Kirchen- und Klostergüter eingebracht wurden, um daraus die Unterstützung der Armen zu finanzieren und so das mittelalterliche Bettelwesen zu beenden. Doch eine systematische Sozialarbeit war dies noch nicht. Erst der Pietismus des 18. und die Erweckungsbewegungen des 19. Jahrhunderts – zwei Frömmigkeitsbewegungen, die auf ihre Weise re-

formatorischen Grundanliegen einen neuen Aufschwung verleihen wollten – haben die Sozialarbeit zu einer der wichtigsten Lebensäußerungen des evangelischen Christentums erhoben. Fast alle bedeutenden diakonischen Einrichtungen – man denke an das Rauhe Haus in Hamburg – sind pietistische oder erweckliche Stiftungen, was der vermeintlich so fortschrittliche, liberale Protestantismus gern übersehen hat.

Einen wichtigen Schritt jedoch ging damals schon Calvin. Um dem allgemeinen Elend der Flüchtlinge oder der Pestopfer zu begegnen, führte er ein neues kirchliches Amt ein: das Diakonat, denn: «Es ist notwendig, für die Armen zu sorgen, und dafür muss es Diakone geben.» Und: «Es ist sicher, dass Gott will, dass eine solche Regel in seiner Kirche befolgt wird. Nicht nur, dass jeder die Armen privat unterstützt, sondern auch, dass es ein öffentliches Amt geben muss, Personen, die ordiniert werden, um für die Bedürftigen zu sorgen, so dass die Dinge ablaufen, wie es sein soll. Ohne dies haben wir keine nach dem Evangelium gut geordnete Kirche, sondern nur noch Verwirrung.» Die Diakone bildeten einen kirchlichen Stand mit eigenständiger Verantwortung für die soziale Arbeit in der Stadt. Es gab übrigens nicht nur Diakone, die sich um die Verwaltung der Armenfürsorge kümmerten, sondern auch Diakoninnen, die den persönlichen Dienst an Armen und Kranken übernahmen. Darin war die calvinistische Kirche allen anderen voraus: Sie kannte immerhin schon dieses kirchliche Amt für Frauen.

83. Haben die Reformatoren den Kapitalismus erfunden? Es dürfte die wirkungsvollste religionsgeschichtliche These aller Zeiten sein. Sie hat ganze Bibliotheken mit Deutungen, Fortschreibungen und Kritiken hervorgebracht. Sie ist, wenn auch in sehr vergröberter Weise, zum allgemeinen Bildungsgut geworden. Gleich zu Beginn des 20. Jahrhunderts veröffentlichte Max Weber seine berühmte Abhandlung *Die protestantische Ethik und der Geist des Kapitalismus*. Darin legt er dar, wie der Calvinismus und die auf ihn folgenden puritanischen Sekten eine Berufsauffassung begründet haben, die zum inneren Motor, zum «Geist», des modernen Kapitalismus werden sollte. Hier wurde eine rein sachlich-fachliche, hochkonzentriert-nüchterne, diszipliniert-asketische Lebensgesinnung geschaffen, die es ermöglichte, nun auch das wirtschaftliche Handeln effizient und rational zu gestalten. Wie Weber diese These im Detail durchführt und begründet, ist nicht einfach zu deuten. Das mag daran liegen, dass er mit ihr ein ungelöstes Problem seines eigenen Charakters zu ergründen versucht hat. Man müsste also Webers Biographie, das Verhältnis zu seiner frommen Mutter sowie seine eigene psychische Krankengeschichte durchleuchten, um seine berühmteste These zu verstehen. Dafür ist hier nicht der Ort. Deshalb sei nur gesagt, dass Weber eine der wichtigsten unbeabsichtigten Nebenwirkungen der Reformation analysieren wollte. Damit hat er gleichsam einen nachträglichen Beipackzettel zu Risiken und Nebenwirkungen der Reformation verfasst.

Wie haben aber Luther und Calvin zu Wirtschaft und Handel gestanden? Darüber hat der Kirchenhistoriker Karl Holl (1866 bis 1924) Auskunft gegeben. Grundsätzlich gilt für ihn, dass Luther und die anderen Reformatoren der Arbeit und dem Privateigentum in einer neuartigen Weise Wertschätzung entgegengebracht haben. Doch den frühneuzeitlichen Kapitalismus haben sie nur von seiner üblen Seite wahrgenommen. Als Sozialkonservativer hat Luther mit Industrie und Handel, vor allem aber mit der Kapitalwirtschaft nichts anfangen können. Dafür hat er die Landwirtschaft aufgewertet. Interessanter und vielschichtiger ist Calvin. Er lebte in einer richtigen Stadt und war viel näher an den wirtschaftsethischen Fragen seiner Zeit als Luther. Umso schärfer hat er über das Geldausleihen, die Grundaktivität des Kapitalismus, geurteilt. Ein Bankier ist für ihn «ein Mensch, der selbst stillesitzend, ohne eigene Arbeit Geld erwerben will und der dazu noch zumeist gerade die Bedürftigen ausnützt. Das ist aber ohne Frage Wucher» – und in der Bergpredigt verboten. Ein Christ darf nicht auf Kosten anderer reich werden. Die calvinistische Kirchenzucht sorgte dafür, dass dieser Grundgedanke Geltung erhielt. Bei den französischen

Hugenotten durften Bankiers kein kirchliches Amt übernehmen, in Holland wurden sie sogar vom Abendmahl ausgeschlossen. Es bleibt ein Rätsel, wie gerade aus Genf einer der wichtigsten Bankenstandorte der Welt werden konnte.

Insofern hat Max Weber unrecht gehabt. Jedoch hatte er recht, was Calvins Nachfolger anging, so Holl: «Es erfüllte sich das Tragische, dass gerade die Tugenden, die der Calvinismus im bürgerlichen Leben seinen Gliedern anerzog – Ordnungsliebe, Berufstreue, Selbstzucht, Sparsamkeit, Entsagungsfähigkeit –, bei gewissen Ausläufern eine Art des geschäftlichen Betriebs erzeugten, in der man nicht mit Unrecht das Vorbild für den neuzeitlichen Kapitalismus gefunden hat.» Vor allem die puritanischen Sekten vergaßen, als sie sich in Nordamerika niederließen, ihre unbedingte Bibeltreue, stellten das Wucherverbot der Bergpredigt in den Hintergrund und wurden mit zu den ersten erfolgreichen Kapitalisten.

Das ist alles lange her. Die heutigen Kirchen und Freikirchen des Protestantismus sind längst im spätmodernen, globalisierten Kapitalismus fest integriert, ohne für diesen noch eine bedeutende Rolle zu spielen. Er bedarf ihrer nicht mehr, und sie stören ihn nicht groß. Insofern ist Webers These selbst längst Geschichte geworden. Erfüllt hat sich aber eine Prophezeiung, mit der er seine Abhandlung geschlossen hat. Am Ende der westlichen Kulturentwicklung werde es keine echten Puritaner mehr geben, sondern nur noch diese beiden Typen: «Fachmenschen ohne Geist» und «Genussmenschen ohne Herz». Damit hat Weber die heute vorherrschenden Menschentypen beschrieben, die aber keine Alternative mehr darstellen, sondern zumeist in derselben Person zusammen bestehen: Tagsüber ist man in Job und Karriereplanung ein Fachmensch ohne Geist und in der Freizeit als Konsument ein Genussmensch ohne Herz.

84. Wie haben die Reformatoren Kirche und Staat voneinander unterschieden? Es kommt in der Weltgeschichte gar nicht so selten vor, dass jemand einen epochalen Gedanken hat, ihn auch bewusst ausspricht und mit Gründen vertritt, ihn aber selbst noch nicht zur vollen Entfaltung bringt. Er hat ihn, als hätte er ihn nicht.

Luther hatte eine epochale Idee: Er wollte die «zwei Reiche» voneinander deutlich unterscheiden. Das «geistliche Reich» sollte nicht mehr das «weltliche Reich» unter sich stellen und überformen, sondern die beiden Herrschaftsbereiche der religiösen und der politischen Macht sollten voneinander geschieden werden, denn Gott regiere die Menschen auf zwei Weisen: Den inneren Menschen, das Gewissen, regiere er durch sein Gesetz und das Evangelium, die durch die Kirche verkündigt werde. Den äußeren Menschen und seine gesellschaftliche Welt lasse er durch die von ihm eingesetzte Obrigkeit regieren. Religion und Politik beziehen sich auf verschiedene Sphären des Menschen, sie nutzen dafür unterschiedliche Instrumente und folgen jeweils einer eigenen Logik. Deshalb sollten sie auch nicht miteinander vermischt werden, sondern jeweils frei sein voneinander. In der Religion regiert das Wort, in der Politik aber das Schwert. In religiösen Angelegenheiten richtet obrigkeitlicher Zwang nur Schaden an. Die Politik jedoch direkt nach religiösen Prinzipien gestalten zu wollen ist ebenso sinnlos wie schädlich.

Diese Grundunterscheidung stellte Luther in seiner Schrift *Von der weltlichen Obrigkeit: wie weit man ihr Gehorsam schuldet* (1523) ausführlich dar. Der Mensch lebt danach in zwei Welten: Als innerer Mensch und Christ müsse er sich allein am Evangelium orientieren, also Nächstenliebe üben, auf Gewalt verzichten usw.; als äußerer Mensch und Bürger dagegen sei er Teil des politischen Gemeinwesens und müsse dessen Ordnungsprinzipien folgen, also Steuern zahlen, Eide leisten und gegebenenfalls in den Krieg ziehen. Gegen die Übergriffigkeit der Papstkirche wie aber auch der radikalen Reformatoren wollte Luther zeigen, dass die weltliche Obrigkeit zu Recht einen eigenen Gestaltungsraum beanspruchen müsse, den sie aus eigener Kompetenz und Verantwortung fülle. Gott hat «die zwei Regimente geordnet, das geistliche, das durch den Heiligen Geist Christen und gerechte Menschen unter Christus macht, und das weltliche, das den Unchristen und Bösen wehrt, damit sie äußerlich Frieden halten und stillhalten müssen, ob sie wollen oder nicht». Die Welt sei zu komplex, um sie nur auf eine Weise und durch «ein Reich» gestalten zu können: «Wo nun allein das weltliche Regiment oder Gesetz regiert, muss es sich um reine Heuchelei handeln, selbst wenn es sich ganz auf Gottes Gebote stützt. Denn niemand wird ohne den Heiligen Geist im Herzen wahrhaftig gerecht, wie vorbildlich seine Werke auch sein mögen. Wo aber nur das geistliche Regiment über Land und Leute regiert, da wird die Bosheit von der Leine gelassen und allen Schandtaten Raum gegeben, denn die Welt als solche kann es weder annehmen noch verstehen.»

Luther unterschied zwei Reiche, aber er trennte sie nicht. Er unterschied sie, um sie richtig aufeinander beziehen zu können. Denn beides ist notwendig. Christen haben ein Interesse daran, dass ihr Glaube kein politisches Werkzeug ist, und sie haben ein Interesse daran, dass die Obrigkeit die öffentliche Ordnung und den äußeren Frieden garantiert. Nur wenn die Reiche unterschieden sind, können sie gemeinsam und auf ihre jeweilige Art ein gutes Zusammenleben ermöglichen. Für Christen in verantwortlicher Position liegt darin eine große Berufung, aber auch eine heikle Herausforderung: Sie müssen genau unterscheiden und präzise aufeinander beziehen, was sie in welcher Rolle und Perspektive jeweils tun oder lassen. Christen in öffentlichen Ämtern sind Doppelwesen – nach innen, in ihrer Person sind sie Gläubige, nach außen, in ihrem Amt sind sie Obrigkeit. Das kann zu scharfen Gewissenskonflikten führen: Ist ein Christ von Beruf Soldat, muss er tun, was ihm eigentlich verboten ist: Gewalt ausüben. Täte er es nicht, würde er seine Nächsten schutzlos angreifenden Feinden ausliefern. «Das Schwert soll kein Christ für sich und seine Sache gebrauchen oder anrufen, er darf und soll es aber für einen andern führen und anrufen, damit der Bosheit gewehrt und die Rechtschaffenheit verteidigt wird.»

Ebenso wichtig war es Luther aber auch zu betonen, dass in Glaubensangelegenheiten niemals obrigkeitlicher Zwang angewandt werden dürfe: «Wenn sich eine weltliche Rechtsgewalt anmaßt, Gesetze für die Seele zu erlassen, greift sie Gott in sein

Regiment und verführt und verdirbt die Seelen nur. Das wollen wir so deutlich machen, dass man es verstehen kann, damit unsere Herren, die Fürsten und Bischöfe, sehen, was sie für Narren sind, wenn sie die Leute mit ihren Gesetzen und Geboten zwingen wollen, so oder so zu glauben.»

Mit seiner Unterscheidung von Religion und Politik hat Luther den «Keim der Säkularisierung» (Arnulf von Scheliha) gelegt und die spätere Trennung von Kirche und Staat vorbereitet. Er hat den politischen Machtansprüchen der Kirche eine Grenze gesetzt, aber die Freiheit des Gewissens gegenüber der politischen Macht behauptet. Konsequent zu Ende gedacht oder gar verwirklicht hat er seine epochale Idee jedoch nicht. Was die konkreten politischen Verhältnisse angeht, hat Luther recht phantasielos die herrschenden Verhältnisse befestigt. Freiheit und Gleichheit sprach er den Menschen nur in ihrem Glauben zu, nicht in ihrem gesellschaftlichen Leben. Der feudale Ständestaat blieb für ihn das Maß aller Dinge. Erst die nächste Emanzipationsepoche, die Aufklärung, hat Luthers Keim zur Entfaltung gebracht.

85. Was haben die Frauen von der Reformation gehabt? Die Reformation war keine Frauenbewegung. Darin unterscheidet sie sich von spätmittelalterlichen Frömmigkeitsbewegungen wie der Devotio moderna, in der Frauen eine besondere Rolle spielten und die für Frauen besonders attraktiv war. Auch wenn sich nicht nur vereinzelt Frauen für die Reformation engagiert haben, ist nur noch Luthers Ehefrau Katharina von Bora als stilprägende Pfarrfrau allgemein bekannt. Selbst einflussreiche Herrscherinnen, die die Reformation gefördert haben – wie Herzogin Elisabeth zu Braunschweig-Lüneburg –, oder Schriftstellerinnen – wie Argula von Grumbach, Marie Dentière oder Ursula von Weyda – sind nur noch Spezialisten ein Begriff, da die Reformation hauptsächlich von Männern «gemacht» wurde.

Dennoch hatte der religiöse und kirchliche Umbruch des 16. Jahrhunderts für das Verhältnis der Geschlechter eine epochale Bedeutung. Das religiöse Ideal eines asexuellen Lebens wurde nach

Jahrhunderten von seinem Thron gestoßen. Die Jungfräulichkeit der Nonnen, der Zölibat der Priester und Mönche galt nichts mehr. Die heterosexuelle Ehe wurde stattdessen zum Inbegriff eines erwachsenen christlichen Lebens. Der katholische Kardinal Bellarmin formulierte noch 1598 die klassische antike und mittelalterliche Auffassung so: «Die Ehe ist ein menschliches Ding, die Jungfräulichkeit dagegen engelgleich. Die Ehe ist gemäß der Natur, während die Jungfräulichkeit etwas Übernatürliches ist.» Demgegenüber bedeutete die Reformation eine unerhörte, zunächst skandalträchtige Aufwertung der Ehe. Luther konnte die Sexualität ziemlich unverkrampft betrachten: «Die Natur will heraus und sich besamen und mehren.» Der Wunsch nach lebenslänglicher Enthaltsamkeit erschien ihm ebenso absurd wie ein Gebot, dass der Mensch «seinen Harn oder Mist halten müsste – sie müssten halten, was nicht zu halten ist». Aber Sexualität ist nicht nur eine natürliche Gegebenheit, die man nicht abstellen kann. Sie ist von Gott geschaffen und gewollt: «Denn Samen und dich mehren ist Gottes Geschöpfe und nicht in deiner Macht.» So verkündete Luther eine unbefangene Freude an der Liebe zwischen Mann und Frau, zwischen Eltern und Kindern. Zugleich aber machte er deutlich, dass das Ehe- und Familienleben keine reine Freude ist, sondern bestimmt von vielen Sorgen, von der Pflicht, für andere da zu sein, von der Nötigung, den eigenen Willen sehr oft zurückzustellen, also ein «strenges Glück». Die Ehe war für Luther die wichtigste bürgerliche Gestaltung des christlichen Gebots der Nächstenliebe.

Wie haben die Frauen damals diese Umwertung der bisherigen Werte erlebt? Einerseits wird dies eine Aufwertung für sie gewesen sein. Haus- und Ehefrau zu sein war nun als christliche Berufung anerkannt und erfuhr eine feste soziale Anerkennung. Andererseits stand Frauen nur noch diese eine Option offen, nämlich Haus-Frau unter dem Haus-Mann zu sein. Alternativen, wie zum Beispiel ein klösterliches Leben ohne Männer, gab es nicht mehr. Die kirchlichen Ämter für Frauen, die die Nonnenklöster zumindest für die Privilegierten bereithielten, wurden abgeschafft. Doch das führt zu einer weiteren, kaum zu beantwortenden Frage, nämlich ob das Leben einer Nonne eher selbst- oder fremdbestimmt war.

86. Was hatten die Kinder von der Reformation? Die Reformation war eine Bildungsbewegung. Damit stand sie zu ihrer Zeit nicht allein. Was sie aber auszeichnete, war ein egalitärer Impuls. Jeder sollte lesen und schreiben lernen. Jeder sollte die Bibel selbst lesen sowie den eigenen Glauben verstehen und mitteilen können. Jeder sollte einen ordentlichen Beruf erlernen. Deshalb sorgten die Reformatoren nicht nur für die Einrichtung von höheren Schulen und Universitäten, sondern auch für die flächendeckende Einführung der Volksschule – für Jungen und Mädchen. Darin waren sie sehr erfolgreich. Gegen Ende des 16. Jahrhunderts gab es zum Beispiel schon in Sachsen, Hessen, Württemberg oder in der reformierten Schweiz ein blühendes Volksschulwesen. «Wenn Schulen zunehmen, so steht's wohl, und die Kirche bleibt rechtschaffen. Um der Kirche willen muss man christliche Schulen haben und erhalten; denn Gott erhält die Kirche durch Schulen, Schulen erhalten die Kirche» (Martin Luther).

IX. Die Reformationen in der Moderne

87. Was haben die französischen Aufklärer von der Reformation gehalten? Gut zweihundert Jahre nach der Reformation trat eine andere Emanzipationsbewegung auf den Plan: die Aufklärung. Sie war mindestens so vielgestaltig wie die Reformation des 16. Jahrhunderts. Eine Vorreiterrolle spielten die französischen Freigeister. Was haben sie von der Reformation gehalten oder überhaupt gewusst? Luther wird ihnen kaum eine vertraute Gestalt gewesen sein. Aber zu Calvin und seiner Genfer Reformation hatten führende Gestalten der französischen Aufklärung ein engeres Verhältnis. Jean-Jacques Rousseau (1712 bis 1778) entstammte einer protestantischen Familie, die aus Frankreich nach Genf ausgewandert war. Voltaire (1694 bis 1778) kannte Genf aus eigener Anschauung sehr gut. Er genoss die relative Freiheit, die dort herrschte, hatte allerdings Konflikte um seine Theaterstücke auszufechten. Auch mit Hilfe seiner Unterstützung konnte ein dritter großer Freigeist einen erstaunlichen Text über den Genfer Protestantismus schreiben.

In der *Enzyklopädie*, dem wichtigsten Buchvorhaben dieser Epoche, hat Jean-Baptiste le Rond d'Alembert (1717 bis 1783) – er gab sie gemeinsam mit Denis Diderot heraus – einen Artikel über «Genf» geschrieben. Darin äußert er zu Beginn sein Befremden darüber, dass im reformierten Genf das Theater verboten war. Das erscheint dem Pariser Salonintellektuellen als krude Kulturlosigkeit: «In Genf duldet man keine Komödien; das heißt, man missbilligt dort nicht die Schauspiele an sich, aber man fürchtet angeblich die Vorliebe für Putz, Verschwendung und Zügellosigkeit, welche die Schauspieltruppen unter der Jugend verbreiten. Aber wäre es nicht möglich, diesem Übel durch strenge & sogleich vollstreckbare Gesetze hinsichtlich des Lebenswandels der Schauspieler abzuhelfen? Dank diesem Mittel hätte Genf dann Schauspiel & gute Sitten & könnte den Vorteil der beiden genießen: Die Theatervorstellungen würden den Geschmack der Bürger verfeinern & ihnen ein Schicklichkeits- & Feingefühl verleihen, das man ohne diese Hilfe sehr schwer erwerben kann; die Literatur würde daraus Vorteil ziehen, ohne dass die Zügellosigkeit Fortschritte machte, & Genf würde zu der Weisheit Spartas die Gesittung Athens hinzufügen.»

Aber auch wenn viele Franzosen den Aufenthalt in Genf «trostlos» finden, «weil Schauspiele fehlen», entdeckt d'Alembert, dem das reformierte Christentum innerlich fremd gewesen sein muss, viele Vorzüge dieser Stadt, die sie fast zu einem Vorbild für Frankreich machen könnten. Zum Beispiel diesen: «Die Geistlichkeit von Genf hat vorbildliche Sitten: Die Priester [!] leben in großer Einigkeit; man sieht sie nicht wie in anderen Ländern erbittert über unverständliche Dinge streiten. Es fehlt allerdings noch viel daran, dass sie alle gleicher Ansicht über die Glaubensartikel wären. Manche glauben nicht mehr an das göttliche Wesen Jesu Christi, das Calvin, ihr Oberhaupt, so eifrig verteidigte & um dessentwillen er Servet verbrennen ließ. Wenn man sie auf diese Marter hinweist, die der Barmherzigkeit & Mäßigung ihres Patriarchen einigen Abbruch tut, versuchen sie nicht, ihn zu rechtfertigen; sie geben zu, dass Calvin eine sehr verwerfliche Handlung begangen hat & begnügen sich (wenn es ein Katholik ist, der mit ihnen spricht), damit, der Verbrennung Servets zwei Tatsachen entgegenzuhalten: die abscheuliche Bartholomäusnacht, die jeder gute Franzose gern mit seinem Blut aus unserer Geschichte tilgen würde; & die Hinrichtung des Jan Hus, die ihrer Meinung nach sogar die Katholiken nicht mehr zu rechtfertigen wagen.» Genf also erscheint d'Alembert als Inbegriff einer liberalen, vernünftigen, toleranten, selbstkritischen und darin gewaltfreien Religionskultur.

Darin liegt ein für d'Alembert zweiter epochaler Vorzug Genfs begründet: «Die Geistlichen beschränken sich einzig & allein auf ihre Aufgaben & geben als Erste den Bürgern ein Beispiel in der Unterwerfung unter die Gesetze. Das Konsistorium, das die Sitten zu überwachen hat, verhängt nur geistliche Strafen. Der große Streit zwischen Papsttum & Kaisertum, der in Zeitaltern der Unwissenheit den Thron so vieler Kaiser zum Wanken gebracht hat & der auch in aufgeklärten Zeitaltern ärgerliche Störungen hervorgerufen hat, ist in Genf unbekannt; die Geistlichkeit unternimmt dort nichts ohne Zustimmung der Behörden.» Damit hat d'Alembert eine epochale Leistung der Reformation auf den Punkt benannt, die von Luther prinzipiell vorgedacht wurde, die aber erst viel später, zum Beispiel im reformierten Genf, umgesetzt worden ist: die Absage an eine politische Vormacht der Kirche, die Absage an ein höheres kirchliches Recht, das Ende politisch-rechtlicher Übergriffigkeiten des Klerus, die Einfügung der Kirche in die Gesellschaft.

88. Weshalb sollte man die Kirchenspaltung nicht bedauern? Als die evangelische Kirche in Deutschland damit begann, sich auf das Reformationsjubiläum 2017 vorzubereiten, reagierten einige katholische Würdenträger zurückhaltend bis kritisch, einzelne sogar missgelaunt. Was es da nur zu feiern gebe, fragten sie. Das Hauptergebnis dieser Epoche sei doch die Zerstörung der alten kirchlichen Einheit in Westeuropa gewesen. Wie sollte man eine Spaltung feiern, die zu blutigen Konfessionskriegen geführt hatte? Solche Reaktionen deuten auf mangelndes geschichtliches Bewusstsein hin. Dass die neuen Lehren die vom Papst regierte Einheit zerstören, war der Schlachtruf der Katholiken, mit dem sie die gewaltsame Unterdrückung der Protestanten rechtfertigten. Im Namen der «Einheit» wurden ungezählte Menschen diskriminiert, gefoltert, vertrieben und hingerichtet. Man sollte also heute nicht mehr «Spaltung» beklagen und «Einheit» einfordern.

Eine Einheit des Christentums hat es ohnehin nie gegeben. In der Antike gab es ganz unterschiedliche Ausprägungen des Christentums, im Mittelalter haben sich die orthodoxen Christen von der lateinischen Kirche getrennt. Innerhalb der lateinischen Kirche gab es gerade im Spätmittelalter unterschiedlichste Strömungen und Meinungen. Erst auf dem Konzil von Trient und dann auf dem Ersten Vatikanischen Konzil im 19. Jahrhundert wurde die katholische Kirche vereinheitlicht und zentralisiert und der Mythos von einer langen Tradition der Einheit geschaffen. Die Reformation hat demgegenüber die Erinnerung an die Vielfältigkeit des Christentums wachgehalten. Zum anderen hat sie Europa gelehrt, dass Vielfalt kein Mangel, sondern ein Mehr an Freiheit bedeutet. Diese Pluralität hat Energien freigesetzt, die diesen kleinen Kontinent zu einem extrem beweglichen und erfindungsreichen Ort gemacht hat. Durch Gräuel und Kriege hindurch hat Europa stellvertretend für den Rest der Welt gelernt, dass weltanschauliche Vielfalt Staat, Gesellschaft und Kultur nicht schwächt, sondern stärkt, wenn man nur einsieht, dass sich religiöse Orientierungen nicht mit staatlicher Gewalt durchsetzen lassen.

Das war ein bitteres, blutiges Lernen. Von heute aus kann man sich nicht mehr vorstellen, mit welchem Hass damals gestritten wurde. Immer ging es um letzte Dinge, um Wahrheit und Irrtum, gutes und schlechtes Leben, Heil oder Verderben, Leben und Tod. Zudem waren Glaubensfragen immer verbunden mit politischem Streit zwischen Kaiser und Fürsten, Landesherren und Bürgern, Rittern und Bauern, kleinen und großen Völkern. Hinzu kam eine begründete Angst vor den Eroberungszügen der muslimischen Osmanen. Das alles weckte Weltuntergangsängste und schuf eine apokalyptische Grundstimmung, in der jede Auseinandersetzung eskalieren musste und Verständigungen unmöglich wurden. Will man eine ungefähre Ahnung von dieser Stimmung bekommen, denke man an die Auseinandersetzungen in der islamischen Welt heute, die verheerenden Konflikte zwischen Sunniten und Schiiten, die den Nahen Osten zu zerstören drohen und auch hierzulande Angst verbreiten. Wer dies bedenkt, sollte froh darüber sein, dass heute in Europa ein entspannter Umgang mit Vielfalt möglich ist. Deshalb sollte man davon Abstand nehmen, eine angeblich verlorene «Einheit» wieder einzufordern, sondern lieber dazu beitragen, dass ein gemeinsames Leben in Unterschieden möglich bleibt.

89. Hat die Reformation die Moderne eingeleitet? Blickt man zurück auf die Reformation, zeigt sich zunächst, wie fremd sie uns inzwischen geworden ist. Es herrschten damals ganz andere Fragen und ganz andere Antworten. «Luther ging es um das Heil, uns geht es um das Glück», hat der Historiker Thomas Nipperdey festgestellt. Wenn es trotzdem durch alle Fremdheit hindurch Impulse geben sollte, die sich bis heute durchziehen, dann können sie nicht von irgendwelchen Äußerlichkeiten oder Nebenfolgen ausgehen, sondern müssen auf den Kern der Reformation zurückgehen: das religiöse Denken und Fühlen. Das war die Auffassung von Ernst Troeltsch, der bei aller Vorsicht diese Gemeinsamkeiten zwischen Reformation und Moderne benannt hat: Durch die Reformationen ist «die Religion aus der Sphäre der dinglich sakramentalen Gnadeneinflößung und der priesterlich-kirchlichen Autorität in die psychologisch durchsichtige Sphäre der Bejahung eines Gedankens von Gott und Gottes Gnade gezogen, und alle ethisch-religiösen Wirkungen ergeben sich psychologisch klar und durchsichtig aus diesem bejahten Zentralgedanken ... Damit fällt das Priestertum und die Hierarchie, das Sakrament der Einflößung religiösethischer Kräfte wie einer sinnlichen Substanz, die außerweltliche Askese mit ihren besonderen Verdiensten. Damit aber wurde der Blick frei für die rein subjektiv innerliche Begründung der Glaubensgedanken und damit weiter für ihre individuell verschiedene, an kein offizielles Dogma gebundene Gestaltungsmöglichkeit ... So wurde der Protestantismus zu der Religion des Gott-Suchens im eigenen Fühlen, Erleben, Denken und Wollen.» Troeltsch konnte es zugespitzt auch so sagen: «Luther ist kein moderner Individualist und kein Subjektivist, aber er ist personalistisch.» Für den Protestanten gibt es keine objektive religiöse Orientierung mehr, denn alles muss durch sein Inneres gegangen sein und vor dem Forum des eigenen Gewissens bestehen. Sein Verhältnis zur Kirche ist daher immer ein gebrochenes. Umso wichtiger werden für ihn eigenes Nachdenken sowie religiöse und kulturelle Bildung sein. Indem sie dieses angestoßen haben, sind Luther und die anderen Reformatoren nicht die Väter der Moderne, aber vielleicht ihre Urgroßonkel.

90. Wie ist es mit der Reformation in Deutschland und in der Schweiz weitergegangen? Die Reformationen hatten im deutschsprachigen Raum drei Nachfolger. Der erste war die lutherische und calvinistische Orthodoxie. Diese Kirchenkulturen der Rechtgläubigkeit des 17. und 18. Jahrhunderts genießen heute keine Popularität, verbindet man sie doch mit starrem Dogmatismus, autoritärem Pfarrherrentum und konfessionalistischer Unduldsamkeit. Dabei waren sie durchaus imponierend – als intellektuell anspruchsvolle Versuche, aus den disparaten reformatorischen Impulsen eine stringente Theologie zu entwickeln, und als das verantwortungsreiche Unternehmen, mitten in größten Umbrüchen und Notlagen eine halbwegs stabile kirchliche und soziale Ordnung zu errichten. Zudem pflegten sie eine schöne Frömmigkeit. Es ist kein Zufall, dass fast alle Klassiker unter den evangelischen Chorälen und Psalmgesängen der Orthodoxie zu verdanken sind. Erinnert sei nur an das innige Vertrauenslied *Wer nur den lieben Gott lässt walten* von Georg Neumark (1657), das immer noch beliebteste Stück deutscher Naturfrömmigkeit *Geh aus, mein Herz* von Paul Gerhardt (1653) oder dessen Weihnachtschoral *Ich steh an deiner Krippen hier* (1653).

Der zweite Nachfolger der Reformation war der Pietismus, die bedeutendste Erweckungsbewegung der europäischen Geschichte. Auch er hat heute keinen guten Ruf, verbindet man ihn doch mit angestrengter Frömmelei. Aber das ist nicht nur fair. Ende des 17. Jahrhunderts und vor allem im 18. Jahrhundert kamen fromme Protestanten, denen der übliche Kirchenbetrieb nicht genügte, zu gesonderten Treffen zusammen, um die Bibel zu lesen, zu beten und Glaubensfragen zu besprechen. Auch wenn dies bei der orthodoxen Kirchenobrigkeit Unmut auslöste, verstanden sich die Pietisten als legitime Erben der Reformation. Auch sie suchten einen selbstverantworteten Glauben, eine religiöse Innigkeit und schufen dabei neue Sprachformen, die die deutsche Literatur sehr inspirieren sollten. Mit einem bisher unbekannten Schwung und Engagement setzten die Pietisten neue ethische Impulse für das soziale Leben. August Hermann Francke gründete um 1700 in Halle ein

Waisenhaus und Schulen für Kinder aus verarmten Familien. Sie wurden das Vorbild für weitere Einrichtungen, etwa das 1833 gegründete Rauhe Haus in Hamburg. Die moderne Diakonie ist ein Enkelkind des Pietismus. Auch wenn man die heutigen Nachfolger des Pietismus für Aufklärungsgegner halten mag, waren die ursprünglichen Pietisten eher Bundesgenossen der Aufklärer im gemeinsamen Kampf gegen die Vorherrschaft der Orthodoxen.

Der dritte Nachfolger der Reformation war der aufgeklärte Protestantismus des 19. und 20. Jahrhunderts. Er stellte sich einer neuen Epochenfrage: Wie kann das evangelische Christentum mit dem neuzeitlichen Wahrheits- und Freiheitsbewusstsein in ein konstruktives Verhältnis gesetzt werden? Wie können christliche Frömmigkeit und humane Kultur einander wechselseitig bereichern? Und wie kann die christliche Religion so über sich aufgeklärt und zugleich gesellschaftlich integriert werden, dass sie selbst das Gewaltpotential bändigt, das sie wie jede Religion besitzt? In diesem Sinne ist der aufgeklärte Protestantismus keine Sache nur des bürgerlichen 19. Jahrhunderts. Er verweist auf eine humanistische Grundströmung, die den Protestantismus von Beginn mitbestimmt hat. Die Reformation wäre ja nicht möglich gewesen, wenn nicht auch Humanisten in ihr mitgewirkt hätten. Die Geschichte des aufgeklärten Protestantismus ist noch längst nicht zu Ende erzählt, denn in den aktuellen religionspolitischen Debatten ist er ein wichtiges Beispiel für alle Versuche, Religion und Aufklärung miteinander zu vermitteln, die Religion zu zivilisieren und Fundamentalismen entgegenzuwirken.

Da der aufgeklärte Protestantismus sich als Emanzipationsbewegung gegen autoritäre kirchliche und staatliche Obrigkeiten bildete, lässt er sich leichter negativ als positiv beschreiben. Ernst Troeltsch versuchte, ihn trotz seiner Vielgestaltigkeit in diesen Leitbegriffen zu bündeln: Er ist eine Glaubensreligion im Gegensatz zu einer Sakramentsreligion, darin vertritt er einen religiösen Individualismus im Unterschied zu einer kirchlichen Autoritätskultur. Mit einer Gesinnungsethik versucht er, die herkömmlichen Gesetzesethiken abzulösen und Impulse für eine weltoffene Verantwortung in Gesellschaft und Kultur zu gewinnen. Für den aufgeklärten Protestantismus ist Religion dabei primär ein subjektives Erlebnis. In dieser Aufwertung der Individualität steht der aufgeklärte Protestantismus in Kontinuität zur Reformation.

Die Aufklärung in Deutschland und der Schweiz ist einen Sonderweg gegangen. Während sich die Aufklärung in anderen, vor allem in katholischen Ländern als antiklerikale, kämpferisch-laizistische, kirchenfeindliche Freiheitsbewegung entfaltete, gab es hier eine kirchennahe, ja sogar eine kirchliche Aufklärung, die das Christentum von innen heraus aufklären, bilden, zivilisieren und läutern wollte. Dass Christentum und Aufklärung hier zu einer gemeinsamen Sache werden konnten, ist ein spätes Erbe der Reformation.

91. Was ist das Prinzip des Protestantismus? Überblickt man die Fülle an Reformationen, die im 16. Jahrhundert stattgefunden haben, und die Vielzahl an Protestantismen, die daraus erwachsen sind, dann fragt man sich, worin denn das Verbindende, aber auch das Besondere des Protestantismus besteht. Wie kann man ihn definieren? Gibt es so etwas wie ein Prinzip, das allen Gestaltungen des Protestantismus zugrunde liegt? Es ist leicht zu sagen, was das Luthertum vom Calvinismus, dieses vom Täufertum, jenes vom Anglikanismus und so weiter unterscheidet. Aber inwiefern ist dieses alles protestantisch? Das ist viel schwerer zu fassen. Wollte man es sich einfach machen, könnte man sagen: Protestantisch ist alles, was nicht katholisch ist. Doch das wäre eine bloß negative Bestimmung, eine inhaltsleere Abgrenzung. Zudem wird sie unsinnig, wenn man das Trienter Konzil auch als eine Art Reformation versteht – dann rückt die dort erdachte katholische Konfessionskirche in eine erstaunliche Nähe zum Protestantismus.

Über die Frage, was den Protestantismus inhaltlich ausmacht, haben evangelische Theologen schon sehr lange nachgedacht. Für die Vertreter der lutherischen und reformierten Orthodoxie des 17. Jahrhunderts war diese Frage recht einfach zu beantworten. Es gab für sie zwei felsenfest stehende Säulen der evangelischen Kirchen: die Heilige Schrift und die Rechtfertigungslehre. Beide Säulen sind seit der Aufklärung des 18. Jahrhunderts jedoch ins Wanken geraten. Die Heilige Schrift wurde als unmittelbares Gotteswort entzaubert und als menschliches Zeugnis religiöser Erfahrungen gedeutet, also historisch verstanden und kritisiert. Und die Rechtfertigungslehre wurde eine immer unverständlichere Lehre, die sich kaum noch mit eigenen Glaubenserfahrungen verbinden ließ. In der Reformationszeit war jedem unmittelbar bewusst, was es hieß, an die Rechtfertigung allein aus Gnade zu glauben: Er musste fortan nicht mehr an Prozessionen teilnehmen, zu bestimmten Zeiten fasten, Almosen geben, die Sakramente empfangen und so weiter. In einer stark entritualisierten Kirche war es aber keineswegs mehr deutlich, was die Rechtfertigungslehre einem noch sagen wollte.

Wenn nun das Wesen und die Wahrheit des Protestantismus nicht mehr einfach in Bibel und Rechtfertigungslehre zu finden waren – wo dann? Progressive Theologen versuchten im 18. Jahrhundert, das, was den Protestantismus innerlich ausmachte, in einer bestimmten Haltung zu finden, nämlich in einer einzigartigen Freiheit. Johann Gottfried Herder (1744 bis 1803) hat dies so formuliert: «Freiheit ist der Grundstein aller protestantischen Kirchen. Freiheit ist der Grundstein des gesunden Verstandes, aller willigen Tugend des menschlichen Herzens, aller Wohlfahrt des Weiterstrebens. Der Mensch, der im Luthertum oder in einer protestantischen Kirche Gewissen und klare Überzeugung aufheben will, ist der ärgste Lutheraner. Er hebt das Principium der Reformation, ja aller gesunden Religion, Glückseligkeit und Wahrheit, nämlich Freiheit des Gewissens auf.» Damit war ein undogmatischer Protestantismus beschrieben, der sich gerade auch dort, wo er sich gegen die eigene Kirche und theologische Tradition wandte, als Fortsetzung der Reformation verstand. Er war nun in der Lage, die Säulen des alten Protestantismus – Bibel und Rechtfertigungslehre – einer zum Teil scharfen Kritik zu unterziehen und sich genau darin als Nachfolger Luthers und Calvins zu verstehen. Georg Wilhelm Friedrich Hegel (1770 bis 1831) hat diese Freiheitlichkeit das

Prinzip der Subjektivität genannt: «Dies ist nun das, was der lutherische Glauben ist, dass der Mensch in Verhältnis zu Gott stehe,
und darin er selbst als dieser nur erscheinen, nur Dasein haben
müsse: d. h. seine Frömmigkeit und die Hoffnung seiner Seligkeit
und alles dergleichen erfordere, dass sein Herz, sein Innerstes dabei
sei. Seine Empfindung, sein Glauben, schlechthin das Seinige ist
gefordert, – seine Subjektivität, die innerste Gewissheit seiner
selbst, nur diese kann wahrhaftig in Betracht kommen in Bezie-
hung auf Gott.»

Dieser Protestantismus war ein neuer, der sich ebenso von der
katholischen Kirche wie von der Orthodoxie des alten Protestantismus abgrenzte: Er war eine Glaubensreligion im Unterschied zur
Sakramentsreligion; er war religiöser Individualismus im Unterschied zu kirchlicher Autoritätskultur; er war Gesinnungsethik im
Unterschied zu Lohn- und Gebotsethik; er war weltoffen im Unterschied zu einer Religion und Moral, die Welt und Kirche trennte.
Dieser neue Protestantismus konnte sich die alte Rechtfertigungslehre in überraschender Weise wieder zu eigen machen. Paul Tillich (1886 bis 1965) hat sie für die Gegenwart des 20. Jahrhunderts
neu gedeutet: Heute gehe es nicht mehr um die Rechtfertigung des
Sünders und damit seine Befreiung von klerikaler Bevormundung,
sondern um die Rechtfertigung des Zweiflers und damit seine
Befreiung von doktrinärer Bevormundung: «Das zentrale Prinzip
des Protestantismus ist die Lehre von der Rechtfertigung allein
durch die Gnade; das bedeutet, dass weder ein Einzelner noch eine
Gemeinschaft für ihre sittlichen Taten, für ihre sakramentale
Mächtigkeit, für ihre Heiligkeit oder für ihre Lehre göttliche Unbedingtheit beanspruchen kann ... Man kann Gott nicht durch die
Arbeit des rechten Denkens oder durch ein sacrificium intellectus
[das Opfer des eigenen Verstandes, um Unglaubliches glauben zu
können] oder durch Unterwerfung unter fremde Autoritäten wie
Lehren der Kirche und der Bibel erreichen. Man kann es nicht und
man wird auch nicht einmal aufgefordert, es zu versuchen.» Auf
diese Weise wird die reformatorische Grundlehre fruchtbar gemacht
für das Gespräch mit Skeptikern, religiös musikalischen Zweiflern

und Atheisten. Allerdings ist sie bis heute umstritten. Konservative Lutheraner in Deutschland, evangelikale Nordamerikaner oder charismatische Südkoreanerinnen würden ihr strikt widersprechen. Aber genau darin zeigt sich die prinzipielle Freiheitlichkeit des Protestantismus: Darüber, was als sein Prinzip gelten soll, wird immer gestritten werden.

Die Lebendigkeit des Protestantismus wird nicht zuletzt davon abhängen, wie es ihm gelingt zu zeigen, dass in ihm eine Freiheitskraft liegt, die heute noch wirksam sein kann.

92. Warum hat es *die* Reformation nicht gegeben? «Reformation» ist ein Hilfsbegriff, der eine chaotische Fülle von Geschehnissen zusammenfasst, von dem, was davor und danach war, abgrenzt und als ein halbwegs sinnvolles Ganzes erzählbar macht. Je nach einem Standpunkt wird Unterschiedliches unter der «Reformation» verstanden. Und je nachdem, welche Interessen der Historiker mit seiner Arbeit verbindet, ob er sich als evangelischer oder katholischer Christ versteht, ob er Deutscher oder Schotte oder gar Spanier ist, ob er religiös musikalisch oder dezidiert unreligiös ist, ob er sich mehr für die intellektuellen oder die politischen Ereignisse interessiert, ob er sich stärker zu den berühmten Gestalten oder den kleinen Leuten der Vergangenheit hingezogen fühlt, ob er lieber große Gemälde malt oder feine Details zeichnet, ob er sein Publikum eher faszinieren oder ernüchtern will, ist seine Reformationsgeschichte eine jeweils andere, umfasst sie mehr oder weniger Ereignisse, dauert sie länger oder kürzer, ist sie mehr dem Mittelalter oder der Neuzeit zugewandt, eine engere, deutsche oder weitere, europäische Angelegenheit, wirkt sie heute noch fort oder erscheint sie als erledigter Fall. «Reformation» ist kein festes historisches Ereignis, sondern eine nachträgliche Deutung verschiedener Ereignisse. Macht man sich so die Gemachtheit der «Reformation» bewusst, wünscht man sich fast, man könnte auf diesen viel zu großen und viel zu unklaren Begriff verzichten, aber er bleibt doch ein unverzichtbares Instrument, um die großen, religiösen, sozialen, politischen und kulturellen Veränderungen,

Brüche und Aufbrüche, Umstürze und Umformungen des 16. Jahrhunderts zu verstehen. Dass die Reformation kein bestimmtes Ereignis war, sondern eine nachträgliche Deutung ist, die nach Standpunkt variieren kann, macht das Verständnis der Reformation komplizierter, ist aber auch befreiend und ungemein anregend, weil sich so die Perspektive öffnen und weiten lässt. Gerade hierzulande, wo die Klischees eines eigentlich längst überwundenen nationaldeutschen Lutherismus des 19. und frühen 20. Jahrhunderts immer noch wirksam sind und den Blick einengen, müsste dies sehr willkommen sein. Die kitschige Monumentalisierung Luthers und der unehrliche Umgang mit seinen Schattenseiten – dieses düstere Erbe des Lutherismus endlich loszuwerden müsste allen ein Anliegen sein, die an den Reformationen des 16. Jahrhunderts historisch und theologisch interessiert sind.

93. Was soll man heute von Luther und der Reformation halten?

Wer sich vor gut einhundert Jahren ein Bild von Martin Luther machen wollte, hatte es noch einfach. Er brauchte sich nur die Luther-Denkmäler anzusehen, die überall in den protestantischen Landesteilen herumstanden: mächtige Mannsbilder, aus einem Stein gehauen oder einem Guss gefertigt, Monumente national-protestantischer Selbstgewissheit. Da standen sie und konnten nicht anders. Auch für die Katholiken war es simpel: Luther hatte die Einheit der Kirche zerstört und war daher abzulehnen. Wollte ein Künstler heute ein Luther-Bild entwerfen, so müsste er dem Reformator einen Januskopf auf die Schultern setzen. Ebenso wie der römische Gott des Übergangs in der Antike mit zwei Gesichtern dargestellt wurde, von denen das eine nach vorn und das andere nach hinten schaut, müsste deutlich werden, dass Luther ein Bürger zweier Welten war, der dem Mittelalter verhaftet blieb und gleichzeitig der Neuzeit entgegensah.

Das ist für diejenigen Protestanten ein Problem, die eine Leitfigur brauchen, um sich selbst zu verstehen und zu orientieren. Das kirchliche Luthertum behilft sich zumeist damit, die bleibende Bedeutung des Reformators zu proklamieren, unter der Hand jedoch alles, was sich nicht mehr vermitteln lässt, auszublenden oder ins Anekdotische zu verniedlichen, wie zum Beispiel Luthers Angst vor dem Teufel. Eine andere Strategie haben aufgeklärte Protestanten entwickelt: Sie unterschieden ausdrücklich die zwei Luther-Gesichter und versuchten, sie voneinander zu lösen. Sie trennten den guten, neuzeitlichen, fortschrittlichen, sensiblen, freiheitsliebenden jungen Luther vom bösen, mittelalterlichen, reaktionären, polemischen und repressiven Luther, den sie ins kirchenhistorische Archiv abschoben. Das ist etwas ehrlicher als das orthodox-lutherische Reden vom «ganzen Luther», dem es zu folgen gälte, aber es ist auf andere Weise naiv, denn die beiden Gesichtshälften eines Januskopfes bilden trotz ihres Gegensatzes eine Einheit. Luthers Judenhass oder seine Ausfälle gegen Bauern, Türken und Täufer zeigen, dass es heute keine ungebrochene Luther-Verehrung mehr geben kann. Doch die blanke Empörung über seine judenfeindlichen Tiraden bleibt vorkritisch und naiv, so lange sie noch davon ausgeht, dass eine direkte Bezugnahme auf Luther überhaupt möglich ist. Er ist so weit fort, das man sich als evangelischer Christ heute auch nicht mehr für seine Aufrufe zur antijüdischen Gewalt «entschuldigen» kann. Die nüchterne historische Deutung führt zu einer viel tieferen Befremdung. Sie stößt Luther endgültig vom Sockel einer normativen Leitfigur und zeigt ihn als eine geschichtliche Gestalt mit zwei Gesichtern, die als ganze immer auch fremd bleibt.

Das heißt jedoch nicht, dass man heute als Protestant nicht mehr mit Grundimpulsen von Luthers reformatorischen Einsichten weiterarbeiten könnte. Nach dem Ende der konservativen und der liberalen Identitätspolitik muss man jetzt auf eigene Rechnung dasjenige auswählen, übersetzen und umformen, was man an seiner Lehre für wertvoll hält. Man sollte sich dabei an die Maxime des Apostel Paulus halten, alles zu prüfen und das Gute zu behalten. Dies wäre das Ergebnis eigenständigen Nachdenkens und die Entscheidung eines mündigen Gewissens – was man auf andere Weise wiederum «gut lutherisch» nennen könnte. Glatt wird es bei solch einer neuen und nur partiellen Aneignung des lutherischen

Erbes nicht abgehen. Es bleiben prinzipielle Spannungen, die es bewusst auszuhalten gilt.

94. Wie sollte man heute den Reformationstag feiern? Zu Luthers Lebzeiten und noch lange danach spielte der «Reformationstag», der 31. Oktober, keine Rolle. Das änderte sich erst 1617. Damals suchte Kurfürst Friedrich V. von der Pfalz eine Gelegenheit, die Erfolge der katholischen Erneuerung zu neutralisieren und den Zusammenhalt der untereinander zerstrittenen Protestanten zu fördern. Da erinnerte er sich an den Thesenanschlag und machte ihn zu einem Schlüsselereignis. Es gab noch eine zweite Gruppe, die Interesse an einem Gedenktag hatte. Die Theologische Fakultät der Universität Wittenberg wollte sich mit einem Reformationsfest als die eigentliche feste Burg der lutherischen Orthodoxie «positionieren», wie man heute sagen würde. Dem Landesherrn war diese Idee recht, bot sie ihm doch die Gelegenheit, zugleich das eigene Gottesgnadentum feiern zu lassen.

Was als lokale universitäre Feier gedacht war, wurde zu einer der ersten breitenwirksamen Jubiläumsfeiern der Neuzeit. Vorher hatte es in den lutherischen Gebieten unterschiedlichste Traditionen des Reformationsgedächtnisses gegeben. Hier feierte man die jährliche Wiederkehr der ersten evangelischen Predigt am Ort, dort die Einführung der jeweiligen reformatorischen Kirchenordnung. Oder man verwandelte den Martinstag in ein Martin-Luther-Geburtstagsfest. Jetzt aber beging man einen zentral geplanten Reformationstag. Es wurden Musterpredigten und Festabläufe herausgegeben. Hinzu kamen universitäre Festreden, Flugschriften und Theaterstücke. Es bleibt erstaunlich, wie es den Wittenbergern gelang, eine so unbedeutende und schlecht bezeugte Episode wie den Thesenanschlag als den eigentlichen Meilenstein der Reformation im kollektiven Gedächtnis zu verankern.

Dieser erste Reformationstag 1617 zeigte schon die Schattenseiten des Festes. Die Feier war von lutherischem Triumphalismus und konfessioneller Intoleranz geprägt. Man feierte Luther als von Gott gesandten Propheten und die lutherische Kirche als Zion der

Rechtgläubigkeit. Hochaggressiv grenzte man sich von den Katholiken ab. Personenkult und Konfessionshass gingen eine hässliche Verbindung ein. Mit dieser konfessionalistischen Aufrüstung führte der erste Reformationstag in die erste deutsche Großkatastrophe, den Dreißigjährigen Krieg, der nur ein Jahr später begann.

Der Krieg verhinderte weitere Reformationsfeiern. Erst wiederum einhundert Jahre später kam es zu einer Neuauflage. Die Abgrenzung gegen Katholiken und Calvinisten trat zurück. Dafür rückte 1717 ein neuer innerprotestantischer Konflikt in den Vordergrund. Pietisten und Frühaufklärer stritten um die richtige Frömmigkeit und beriefen sich dabei jeweils auf Luther. Die Pietisten stilisierten Luther zum tieffrommen und bibeltreuen Glaubenszeugen, während die Frühaufklärer in ihm den Herold moderner Glaubensfreiheit sahen. So erwies sich das Luther-Gedächtnis als eine vielfältig einsetzbare Waffe im Weltanschauungskampf.

Dieses Muster setzte sich fort, auch 1817. Zwei Jahre zuvor war Napoleon bei Waterloo geschlagen worden, die reaktionären Kräfte hatten die Macht übernommen. Am 18. und 19. Oktober 1817 kamen etwa fünfhundert Burschenschaftler auf der Wartburg zusammen. Sie feierten Luther als deutschen Nationalhelden und verbanden damit ihren Protest gegen die repressiven Monarchien in Deutschland mit der Forderung nach einer Einheit der Deutschen. Damit begann die nationalistische Verengung des Reformationsgedächtnisses, die erst in der zweiten Hälfte des 20. Jahrhunderts wieder überwunden wurde.

Die nächste große Erinnerungsfeier stand 1883 an: Luthers vierhundertster Geburtstag. Zwölf Jahre zuvor war die deutsche Einigung vollzogen worden. Man feierte den Reformator nun als den «Gründungsvater des Deutschen Reiches» (Hartmut Lehmann). Antirömische, antikatholische und antifranzösische Vorurteile flossen zusammen in folgendem Klischee: «Martin Luther – glaubensstark und bekenntnisfreudig, sittsam und heiter, fromm und geistig produktiv, ein deutscher Mann durch und durch.» Dieses Bild wirkte weiter bis zum vierhundertsten Jahrestag des Thesenanschlags 1917, ein Jahr vor Ende des Ersten Weltkriegs. Luther wurde nun zusammen mit Generalfeldmarschall Paul von Hindenburg, dem «Sieger von Tannenberg», als Retter der Deutschen in einer Zeit großer Not gefeiert. Diese unselige Vermischung von Gottes Reich und Deutschem Reich prägte auch die Feier zu Luthers vierhundertfünfzigsten Geburtstag, die 1933, im ersten Jahr der nationalsozialistischen Herrschaft, begangen wurde: Luther als der gottgesandte Vorbote des Führers, der die politische Notlage überwunden und die Wiedergeburt der Deutschen begonnen habe. Solche Töne spuckten nicht nur braune Propagandisten, sondern auch führende Kirchenhistoriker.

Nach dem Ende des Zweiten Weltkriegs wurde es stiller, so als hätte der deutsche Protestantismus nach all diesen nationalistisch-lutherischen Jubelfeiern einen Kater ausschlafen müssen. Doch ein letzter Versuch der politischen Vereinnahmung ist noch zu erwähnen. 1983, zum fünfhundertsten Geburtstag, versuchte die DDR-Führung, Luther auf ihre Seite zu ziehen. Sie behauptete, «Luther sei ein Exponent der ‹frühbürgerlichen Revolution›. Denn zum einen wollten die DDR-Oberen ihr System politisch stabilisieren, indem sie ihren Staat zum Repräsentanten der ‹besten Traditionen der deutschen Geschichte› erklärten; zum anderen sollten Luther-Touristen aus der ganzen Welt dringend benötigte Devisen bringen» (Hartmut Lehmann). Wie man heute weiß, war dieser Geschichtsklitterungsmaßnahme kein Erfolg beschieden.

Vergegenwärtigt man sich diese Geschichte deutscher Reformations- und Lutherfeiern, kommt man aus dem leicht angewiderten Staunen nicht hinaus: so viel Legendenbildung, so viel politische Vereinnahmung, so viel Hass. Zugleich ist man befremdet. Wie weit das alles weg ist: diese Sprüche, diese Enge, dieses Pathos, dieser Kitsch. Längst vergangene Zeiten. Wie angenehm, dass sich von all diesen Predigten, Gedichten, Liedern, Theaterstücken und Romanen zum Reformationsgedächtnis rein gar nichts erhalten hat. Es ist ja auch bloß Erbaulichkeitsschund gewesen.

Nun lässt sich der Reformationstag aber nicht einfach übergehen, gerade wenn seine fünfhundertste «Wiederkehr» ins Haus steht. Legenden leben weiter, obwohl Historiker sie längst widerlegt haben. Als wirkmächtige Geschichtsbilder sind sie selbst geschichtliche Kräfte. Also muss man sich zu ihnen verhalten. Vielleicht ist es ja möglich, ihnen etwas Gutes abzugewinnen. Entscheidend dabei ist, ob es dem deutschen Protestantismus gelingt, die Zwiespältigkeiten der eigenen Herkunftsgeschichte auszuleuchten. Die Grundambivalenz zwischen Bewunderung und Kritik dürfte ein Kennzeichen der gegenwärtigen religiösen Lage sein. Heutige Protestanten sind Glaubende und Zweifelnde zugleich. Darin mag man eine Schwäche sehen. Darin steckt aber auch eine Stärke, nämlich die Fähigkeit, aufgeklärt und erwachsen die Talente und die Kehrseiten der eigenen Konfession zu bedenken, sich von unseligen Traditionen zu lösen, vor allem der politischen Funktionalisierung des eigenen Glaubens entgegenzutreten und sein Gewaltpotential zu begrenzen. Es wäre zu fragen, ob Luther nicht interessanter wird, wenn man ihn als zerrissene Gestalt sieht, in der das Licht des Evangeliums und gefährliches Denken eine widersprüchliche Einheit bilden. Reformationsgedenken als Einübung in ein differenzbewusstes Christentum – das wäre ein sinnvolles Vorhaben. Man würde den Reformatoren dadurch die Ehre geben, dass man über sie streitet, an ihnen selbst Wesentliches von Unwesentlichem, Bleibendes von Zeitbedingtem scheidet, um sich dann auf den Kern, die Neuentdeckung des Evangeliums, zu konzentrieren.

Luther selbst hat im Übrigen nicht damit gerechnet, dass sein Werk einmal ein fünfhundertstes Jubiläum feiern würde. Er war gewiss, dass die Welt noch zu seinen Lebzeiten oder der seiner Kinder zu Ende gehen würde.

95. Würde ich mich heute noch als «protestantisch» bezeichnen? Auf der Fensterbank meines Arbeitszimmers steht, während ich an diesem Buch schreibe, ein unterarmgroßer Blei-Luther, eine Kleinausgabe der Denkmäler, die von der Wende vom 19. zum 20. Jahrhundert an ungezählten Orten in Deutschland aufgestellt wurden: der Reformator als ganzer Kerl, aufrechtes Haupt, dominant vorgestellter rechter Fuß, die Heilige Schrift im starken linken Arm, darauf die rechte Faust. Vorn auf dem Sockel der Spruch:

«Hier stehe ich, ich kann nicht anders, Gott helfe mir! Amen!» Und dazu als unfreiwillig komische Zusatzfunktion: Im Inneren ist eine Spieluhr, die das alte lutherische Kampflied *Ein feste Burg* spielt. Manchmal habe ich mich gefragt, ob ich ihn wegtun sollte. Damit verband sich für mich eine größere Frage. Die Reformation ist ja nicht nur ein Gegenstand der historischen Forschung und ein Bildungsgut, sie ist auch eine Herausforderung. Sie stellt die Frage, wie man zu ihr steht, ob sie einen noch unbedingt etwas angeht und was dies sein könnte. Das ist keine einfache Frage. Also beschränke ich mich darauf zu skizzieren, was es für mich – persönlich und beruflich – heißt, ein Protestant zu sein.

Wenn ich meinen Blei-Luther betrachte, fällt mir der Luther-Kult ein, den ein triumphalistisch gestimmter Nationalprotestantismus vor über hundert Jahren betrieben hat – eine fatale kirchliche Mode. Als ein großer Bruder meiner Luther-Miniatur im Jahr 1885 vor der Dresdner Frauenkirche aufgestellt wurde, hatte der damalige dortige Superintendent Folgendes zu verkünden: «Fest die Bibel in der Hand und die starke, männliche Rechte darauf ruhend – so steht er da, der teure Gottesmann, der Mann von Stahl und Eisen mit der Weihe des Glaubens und der Kraft, mit dem Felsenherzen eines Johannes des Täufers und mit dem Feuergeist eines Paulus, jeder Zoll an ihm ein Deutscher und ein Christ, ein deutscher Christenmensch aus einem Guss, mit dem kühnen großen Blick des Glaubens nach oben, hinauf zum alten Gott.» Ist das «lutherisch»? Nein, es ist ein Klischee. Aber Klischees haben ihren Wahrheitskern, zudem sind sie langlebig. Wie sehr solch ein Negativklischee in die Gegenwart hineinwirkt, hat vor wenigen Jahren Michael Hanekes Film *Das weiße Band* bewiesen. Er zeigt die eigentlich längst untergegangene Welt des alten Protestantismus, dies aber auf eine Weise, dass es heutige, ganz und gar unlutherische Kinobesucher immer noch zu verstören vermag. Verstörend ist diese Autoritätskultur, diese ungebrochene Pastorenherrschaft, die sich von dem alten katholischen Klerikalismus kaum unterscheidet und die eine ganz eigentümliche Gewaltträchtigkeit schafft. Patriarchales Pfarrherrentum, rigide Fröm-

Eine feste Burg:
Martin Luther wirkt
auch noch als
Miniaturdenkmal
mit Spieluhr
monumental.

migkeit, unerbittliche Familienmoral, miefige Milieuenge – all das
gebiert im *Weißen Band* Ängste und Grausamkeiten.

Aber dann schaue ich wieder zu meinem kleinen Blei-Luther.
Manchmal wirkt er auf mich wie ein tapferer Zinnsoldat, klein und
altersunansehnlich, marktuntauglich und vergessen. Bei mir hat er
ein Asyl gefunden. Er ist mir ein alltäglicher «Erinnerungsort»
geworden. Er erinnert mich an Aspekte des christlichen Glaubens
und Lebens, die mir immer noch wichtig sind. Da ist zunächst die
ungeheure religiöse Dringlichkeit, die massive Sehnsucht nach
einem zugewandten Gott, die sich mit nichts anderem zufrieden

gibt als mit der Erlösung und dem Erlöser selbst. Damit ist verbunden ein unverfälschter Sinn für die Spannungspole des Glaubens: die strahlende Freude des Erlösten wie das nackte Gottesgrauen des Angefochtenen. Das erzeugt eine große innere Unruhe, eine religiöse Gespanntheit, Faszination und Lebendigkeit. Aus ihr erwächst eine eigentümliche Fähigkeit, zu unterscheiden und das deutlich voneinander Unterschiedene aufeinander zu beziehen. Das zieht sich unter der Überschrift «Gesetz und Evangelium» durch reformatorische Theologien, wirkt sich aus auf Frömmigkeit, Kirchenbild und Ethik. Ihr Zentrum hat sie in einem neuen Verständnis des Gewissens: Der Glaube muss individuell verantwortet werden. Man muss ihn selbst riskieren. Er kann nicht delegiert werden. Deshalb muss jeder sein eigener Priester sein. Das aber führt nicht zu einer Klerikalisierung aller Gläubigen, sondern im Gegenteil dazu, dass diese die «Welt» entdecken, Gott im profanen Leben suchen und ihre Verantwortung in einem ganz normalen Berufsleben wahrnehmen. Nicht selten ermöglicht das reformatorische Differenzierungstalent auch eine gewisse Gelassenheit im Umgang mit Gegensätzen und lehrt, entspannt Wichtiges und weniger Wichtiges voneinander zu sondern. Das ermöglicht es, viele sinnvolle Kompromisse einzugehen. Das Luthertum zum Beispiel, in dessen Nachfolge ich stehe, ist ja eine Kompromiss-Konfession, darin vergleichbar den Anglikanern, aber mit einer festeren theologischen Grundlage. Das zeigt sich mir besonders in der gottesdienstlichen Praxis, die das Beste eigentlich verschiedener Kirchenwelten zu vereinen erlaubt: die Konzentration auf die Predigt und die Ehrfurcht vor dem Sakrament, das Nachdenken und den Genuss, den Kult und die Kultur, das Wort und die Musik, die Lust, in die eigene Zeit hineinzusprechen, und die Freude an alten liturgischen Formen. Wenn ich den Kern meiner pastoralen Praxis bedenke, dann bin ich zu meiner eigenen Überraschung wohl doch recht «lutherisch». Und wenn ich zugleich nicht davon lassen kann, meine eigene Tradition kritisch zu befragen, dann müsste das eigentlich etwas sein, was meinem kleinen Blei-Luther auf dem Fensterbrett im Grunde seines Herzens recht sein dürfte.

«Die Hirtengedichte Vergils kann niemand verstehen, er sei denn fünf Jahre Hirte gewesen. Die Vergilschen Dichtungen über die Landwirtschaft kann niemand verstehen, er sei denn fünf Jahre Ackermann gewesen. Die Briefe Ciceros kann niemand verstehen, er habe denn 25 Jahre in einem großen Gemeinwesen sich bewegt. Die Heilige Schrift meine niemand genügsam geschmeckt zu haben, er habe denn hundert Jahre lang mit Propheten wie Elias und Elisa, Johannes dem Täufer, Christus und den Aposteln die Gemeinden regiert. Versuche nicht diese göttliche Aeneis, sondern neige dich tief anbetend vor ihren Spuren! Wir sind Bettler, das ist wahr.»

Martin Luthers «letzter Zettel» vom 16. Februar 1546, verfasst zwei Tage vor seinem Tod

Leseempfehlungen
(Bücher, die für dieses Buch besonders wichtig waren)

Barth, Ulrich: Gott bleibt bei Luther immer auch ein Rätsel, Interview mit Reinhard Bingener, Frankfurter Allgemeine Zeitung, 31. Oktober 2014.

–: Kritischer Religionsdiskurs, Tübingen 2014.

Birkner, Hans-Joachim: Protestantismus im Wandel. Aspekte, Deutungen, Aussichten, München 1971.

Böhmer, Heinrich: Der junge Luther, Leipzig 1939 (3. Auflage).

–: Die Jesuiten, Leipzig 1913 (3. Auflage).

–: Studien zur Kirchengeschichte, München 1974.

Calvinismus. Die Reformierten in Deutschland und Europa. Eine Ausstellung des Deutschen Historischen Museums Berlin und der Johannes a Lasco Bibliothek Emden, hg. von Ansgar Reis und Sabine Witt, Dresden 2009.

Claussen, Johann Hinrich: Glück und Gegenglück. Philosophische und theologische Variationen über einen alltäglichen Begriff, Tübingen 2005.

–: Gottes Häuser oder Die Kunst, Kirchen zu bauen und zu verstehen. Vom frühen Christentum bis heute, München 2010.

–: Gottes Klänge. Eine Geschichte der Kirchenmusik, München 2014

Cornelius, Carl Adolf: Geschichte des Münsterischen Aufruhrs (drei Bände), Leipzig 1855.

Cramer, S.: Menno Simons, in: Realencyklopädie für protestantische Theologie und Kirche, Bd. XII, Leipzig 1903 (3. Auflage), S. 586–594.

Das Album Reformatorum Cygnaeum (1542/1543) in der Prachtbibel des Zwickauer Bürgermeisters Oswald Lasan, hg. von Ferdinand Ahuis und Walther Ludwig, Stuttgart 2013.

Diderots Enzyklopädie, hg. von Anette Selg und Rainer Wieland, Berlin 2013.

Dülmen, Richard van: Reformation als Revolution. Soziale Bewegung und religiöser Radikalismus in der deutschen Reformation, München 1977.

Gäbler, Ulrich: Huldrych Zwingli. Eine Einführung in sein Leben und Werk, München 1983.

Goertz, Hans-Jürgen: Konrad Grebel. Kritiker des frommen Scheins 1498–1526. Eine biographische Skizze, Bolanden 1998.

Heussi, Karl: Kompendium der Kirchengeschichte, Tübingen 1981 (16. Auflage).

Hier stehe ich, ich kann nicht anders! Zu Martin Luthers Staatsverständnis, hg. von Rochus Leonhardt und Arnulf von Scheliha, Baden-Baden 2015.

Hirsch, Emanuel: Hilfsbuch zum Studium der Dogmatik. Die Dogmatik der Reformatoren und der altevangelischen Lehrer quellenmäßig belegt und verdeutscht, Berlin 1951.

Holl, Karl: Gesammelte Aufsätze zur Kirchengeschichte, Tübingen 1932 (6. Auflage).

Kaufmann, Thomas: Geschichte der Reformation, Frankfurt/Main 2009.

–: Luthers Juden, Stuttgart 2014.

–: Luthers «Judenschriften». Ein Beitrag zu ihrer historischen Kontextualisierung, Tübingen 2011.

–: Reformationsgedenken in der Frühen Neuzeit. Bemerkungen zum 16. und 18. Jahrhundert, in: Zeitschrift für Theologie und Kirche, Bd. 107, 2010.

–: Vorreformatorische Laienbibel und reformatorisches Evangelium, in: Zeitschrift für Theologie und Kirche, Bd. 101, Heft 2, Mohr Siebeck, Tübingen 2004.

Kunter, Katharina: 500 Jahre Protestantismus. Eine Reise von den Anfängen bis zur Gegenwart, Gütersloh 2011.

Lauster, Jörg: Die Verzauberung der Welt. Eine Kulturgeschichte des Christentums, München 2014.

Lehmann, Hartmut: Luthergedächtnis 1817 bis 2017, Göttingen 2012.

Leppin, Volker: Die fremde Reformation. Luthers mystische Wurzeln, München 2016.

Locher, Gottfried W.: Die Zwinglianische Reformation im Rahmen der europäischen Kirchengeschichte, Göttingen und Zürich 1979.

MacCulloch, Diarmaid: Die Reformation 1490–1700, München 2008.

Marcuse, Ludwig: Ignatius von Loyola. Ein Soldat der Kirche, Zürich 1973 (Erstausgabe 1937).

Möller, Bernd: Zwinglis Disputationen. Studien zur Kirchengründung in den Städten der frühen Reformation, Göttingen 2011 (2. Auflage).

Müller, Karl: Kirchengeschichte, Bd. II, 1. und 2. Halbband, Tübingen 1911 und 1923 (3. Auflage).

Nipperdey, Thomas: Nachdenken über die deutsche Geschichte. Essays, München 1990 (2. Auflage).

Ohst, Martin: Freiheit zum Glauben oder Freiheit des Glaubens – Freiheit der Kirche oder Freiheit des Christen. Historische Perspektiven, in: Freiheit, hg. von Martin Laube, Tübingen 2014, S. 59–118.

Reinhardt, Volker: Luther der Ketzer. Rom und die Reformation, München 2016.

–: Die Tyrannei der Tugend. Calvin und die Reformation in Genf, München 2009.

Reinitzer, Heimo: Gesetz und Evangelium. Über ein reformatorisches Bildthema, seine Tradition, Funktion und Wirkungsgeschichte, Hamburg 2006.

Scheible, Heinz: Melanchthon. Eine Biographie, München 1997.

Scheliha, Arnulf von: Protestantische Ethik des Politischen, Tübingen 2013.

Schilling, Heinz: Die frühneuzeitliche Konfessionsmigration. Calvinisten und sephardische Juden im Vergleich, in: Religion und Mobilität. Zum Verhältnis von raumbezogener Mobilität und religiöser Identitätsbildung im frühneuzeitlichen Europa, hg. von Henning P. Jürgens und Thomas Weller, Göttingen 2010, S. 113–136.

–: Martin Luther. Rebell in einer Zeit des Umbruchs, München 2012.

Schloemann, Martin: Luthers Apfelbäumchen? Ein Kapitel deutscher Mentalitätsgeschichte seit dem Zweiten Weltkrieg, Göttingen 1994.

Schorn-Schütte, Luise: Die Reformation. Vorgeschichte, Verlauf, Wirkung, München 2006 (4. Auflage).

Strohm, Christoph: Johannes Calvin. Leben und Werk des Reformators, München 2009.

Schwarz, Reinhard: Martin Luther. Lehrer der christlichen Religion, Tübingen 2015.

Tillich, Paul: Der Protestantismus als Kritik und Gestaltung, Gütersloh 1962.

Troeltsch, Ernst: Die Bedeutung des Protestantismus für die Entstehung der modernen Welt, München und Berlin 1911.

Warnke, Martin: Cranachs Luther. Entwürfe für ein Image, Frankfurt/Main 1984.

Bildnachweis

Dank

Der Autor ist folgenden Personen zu herzlichem Dank verpflichtet: Gudrun Jäger, Matthias Lobe, Rinja Müller, Martin Ohst, Niklaus Peter, Christian Polke, Hermann Pünder, Martin Rössler, Arnulf von Scheliha, Hans-Jürg Stefan, Reinhard Zimmermann.

Personenregister

Johann Hinrich Claussen bei C.H.Beck

Gottes Klänge
Eine Geschichte der Kirchenmusik

2., durchgesehene Auflage. 2015. 364 Seiten mit 29 Abbildungen
Gebunden

«Dieses Buch ist mit Jauchzen und Frohlocken zu begrüßen!»

Harald Schmidt, Frankfurter Allgemeine Zeitung

Gottes Häuser
oder Die Kunst, Kirchen zu bauen und zu verstehen

Vom frühen Christentum bis heute
2., durchgesehene Auflage. 2012. 288 Seiten mit 48 Abbildungen.
Halbleinen

«Johann Hinrich Claussen versteht es in seltener Kenntnisdichte, die
Architekturgeschichte des Christentums, all die Steine, Bögen und
Skulpturen zum Sprechen zu bringen.»

Elisabeth von Thadden, Die Zeit

Die 101 wichtigsten Fragen:
Christentum

3. Auflage 2008. 150 Seiten mit 12 Abbildungen. Paperback

«Claussen hat schwer gearbeitet, um leicht antworten zu können. Dadurch
lesen sich die Antworten flüssig und durchaus amüsant, obwohl er eine
Phalanx tiefgründiger Gedanken von Schriftstellern wie Fjodor M.
Dostojewski oder Theologen wie Adolf von Harnack auftreten lässt.»

Rheinischer Merkur

Verlag C.H.Beck